AF566124

Christa Boekholt

Lustige **Kasperlestücke**

für einen Spieler

Christa Boekholt

Lustige Kasperlestücke für einen Spieler

Bassermann

ISBN 978-3-8094-3487-0

6. Auflage 2024

Projektleitung: Claudia Maria Weiß
Umschlaggestaltung, Layout und Satz: Atelier Versen, Bad Aibling
Titelillustration und Illustrationen im Innenteil: Wolf-Graphics Alexandra Wolf, Schnaitsee
Redaktion: Nina Andres, München
Herstellung: Elke Cramer

Druck und Verarbeitung: GGP Media GmbH, Pößneck
Printed in Germany

Penguin Random House Verlagsgruppe FSC® N001967

Inhalt

Vorwort

Eine Kasperletheateraufführung kann der Höhepunkt eines Kindergeburtstags sein. Aber es lässt sich auch vor weniger Publikum spielen, nur vor ein oder zwei Kindern. Das Puppenspiel kann einen verregneten Nachmittag beleben, ein krankes Kind aufmuntern oder Wartezeiten verkürzen, welcher Art auch immer. Es kann auch einfach mal zwischendurch eingeschoben werden, beispielsweise vor dem Zubettgehen.

Die Puppen können den Alltag der Kinder widerspiegeln, Probleme aufgreifen, Denkanstöße geben und Lösungen anbieten. Kasper, Grete oder Seppel wird vielleicht auch Manches anvertraut, was die Kinder den Erwachsenen nicht direkt erzählen würden. Spielerisch üben Kinder Kreativität und lernen gleichzeitig, zwischen Fantasie und Wirklichkeit zu unterscheiden. Das Kasperlespiel kann also den Alltag mit Kindern auf vielerlei Arten bereichern.

Darüber sollte das Wichtigste aber nicht vergessen werden: Das Theaterspiel ist für Kinder wie auch für Erwachsene ein großer Spaß. Natürlich geht es dabei laut zu, denn Kinder sind kein distanziertes, stilles Publikum. Nur wenn es ganz spannend wird, werden sie still und gebannt zuschauen, in anderen Situationen aber auch sehr aktiv und laut sein, zappeln, rufen, schreien, Hinweise geben. Die Kasperlestücke in diesem Buch fördern das ausdrücklich und beziehen die Kinder deshalb an vielen Stellen mit ein. Also seien Sie als Erwachsener nicht überrascht, wenn über kurz oder lang Ihre Kinder schließlich mitspielen oder Sie sogar von der Bühne drängen und selbst die Regie übernehmen wollen. Sie haben alles richtig gemacht, genießen

Sie Ihre neue Rolle als Publikum und die Kreativität Ihrer Kinder, die Ihnen mit ihrem Spiel einen Einblick in ihre Fantasie und Gedankenwelt schenken, und bedanken Sie sich mit einem kräftigen Applaus.

Christa Boekholt

Theater spielen mit Kindern

Für das Theater mit Handpuppen braucht man zunächst einmal die Handpuppen. Es gibt sie in verschiedenen Qualitäten und Preisen im Spielwarenhandel zu kaufen, teils gleich im Figuren-Set (bestehend meist aus Kasper, Polizist, Räuber, Prinzessin, Hexe, Krokodil, Grete, Seppel) und inklusive Bühne, teils einzeln. Ein Tipp aus Erfahrung: Achten Sie nicht so sehr darauf, wie hochwertig die Figuren verarbeitet sind, sondern lieber darauf, wie ansprechend die Figuren für Ihre Kinder sind. Der teuerste, handgeschnitzte Kasper nützt nichts, wenn seine Gesichtszüge Ihren Kindern Angst einflößen und sie sich von dem fröhlichen Lächeln und dem schreiend bunten Kostüm des billigen Kaspers mit dem Plastikkopf viel mehr angesprochen fühlen.

Spielmaterial findet sich überall

Da Kinder über sehr viel Fantasie verfügen, sind Requisiten und Bühnenbilder nicht unbedingt erforderlich oder können auf das Nötigste reduziert werden. Eine große Glasmurmel gibt zum Beispiel eine gute Wahrsagekugel ab, ein Gespenst entsteht ganz einfach durch ein übergeworfenes Taschentuch. Auch eine Kasperbühne ist nicht unbedingt nötig, der Puppenspieler/die Puppenspielerin kann sich genauso gut hinter dem Sofa verbergen oder auch gar nicht. Kinder sind Meister im »so tun als ob«. Wenn Sie jedoch über eine Puppenbühne verfügen, macht es den Kindern bestimmt viel Spaß, die Bühnenbilder selbst zu basteln: Dazu braucht man ein großes Stück schwarzes Tonpapier, einen Bleistift, farbiges Transparentpapier, eine Schere und Kleber. Die Kinder malen das Motiv selbst auf das Tonpapier auf, z. B. den Zauberwald, das Schloss oder die

Kirchenfenster *(für die Sockenhochzeit)*, und je nach Fähigkeit können sie es auch selbst ausschneiden. Anschließend werden die ausgeschnittenen Stellen mit farbigem Tonpapier hinterlegt und das Papier festgeklebt. Das fertige Bühnenbild kann dann an einer Stange, zur Not tut es auch ein Besenstiel, befestigt und quer hinter die Bühne gelegt werden.

Generell lässt sich mit wirklich allem spielen, das Entscheidende sind, wie gesagt, nicht teure Puppen und Requisiten, sondern Fantasie und Spielfreude. Wenn keine Kasperlepuppen aufzutreiben sind, tun es auch Schmusetiere oder Socken. Am Ende des Buches finden Sie daher einige Anregungen für das interaktive Sockentheater.

Wichtige Säulen des Theaterspiels

Neben den Puppen und Requisiten sind vor allem drei Dinge für das Puppentheater wichtig: Improvisation, Spannung und Humor.

Improvisation

Kaspertheater ist nicht nur Theater für Kinder, sondern auch Theater mit Kindern. Da sitzt kein distanziertes Publikum vor der kleinen Bühne auf dem Boden, sondern es sind lebhafte Kinder, die fiebernd dem Spiel folgen. Die Zuschauer sitzen in der Regel nicht ruhig da, sondern springen auf, zappeln aufgeregt herum, fuchteln mit den Händen, schreien dazwischen, halten sich in spannenden Momenten die Ohren oder Augen zu, lachen bei lustigen Stellen laut oder spielen auch spontan mit. Wenn es so hoch hergeht, ist dies ein Kompliment an den Puppenspieler/die Puppenspielerin, der oder die es gut verstanden hat, sich auf die Kinder einzustel-

len, sie weder sprachlich noch inhaltlich oder emotional zu unter- bzw. überfordern.
Denn es kommt beim Spielen mit den Puppen weniger darauf an, sich korrekt an den vorgegebenen Text zu halten und eine perfekte Aufführung zu bieten, als vielmehr zu improvisieren. Je mehr die Kinder direkt angesprochen werden, je mehr sie ins Stück einbezogen werden, desto begeisterter werden sie sein.
Zum Standard gehören deshalb die Fragen zu Anfang des Stücks *(»Hallo, Kinder! Seid ihr alle da?«)*, die als geliebtes Ritual von den Kindern geradezu erwartet werden. Aber auch darüber hinaus werden die Kinder in allen Stücken vielfältig einbezogen, werden gebeten, Fragen zu beantworten, ein Bild zu malen, bis zehn zu zählen und zu zeigen, wie gut sie hüpfen können etc. Die hier versammelten Stücke, die besonders zur Interaktion anregen, sind als »Mitmachstücke« gekennzeichnet.
Wenn man die Geschichte grob im Kopf hat, kann man offen für Veränderungen, für Fantasie, für Interaktion bleiben. Was auch heißt, dass man sein eigenes Spiel-Konzept auch mal hintanstellen muss, weil ein kleiner Zuschauer kurz entschlossen ins Geschehen eingreift. Dank des lebhaften Publikums wird kaum eine Aufführung wie die andere sein, und darin liegt auch der Reiz der Sache: Mit wachsender Spielerfahrung wird sich wohl Routine in Spiel und Improvisation, aber niemals Langeweile einstellen. Dafür sorgen auch die übrigen beiden Säulen des Figurentheaters, Spannung und Humor.

Spannung

Jede Geschichte lebt von der Spannung. Beim Kasperletheater ist sie genauso wichtig wie beim Theater für die Großen. Doch beim Theater für Kinder ist ein wenig Vorsicht geboten: Manche Kinder,

gerade die Kleinsten oder diejenigen, die noch keine große Kaspertheater-Erfahrung haben, ängstigen sich schnell. Die Figuren leben für die kleinen Leute, und was da geschieht, ist in diesem Moment für sie ganz real. Das hat nicht nur mit ihrer großen Fantasie zu tun, sondern auch damit, dass für Kinder im Vorschulalter eigentlich noch nichts unmöglich ist. Sie müssen erst langsam herausfinden, was geht und was nicht. Sie glauben zunächst bedingungslos alles, was ihnen die Erwachsenen erzählen.
Was ist aberwitziger? Daran zu glauben, dass der Osterhase die Ostereier in meinem Garten versteckt oder daran, dass das Kaninchen, das vor einem herhoppelt, auch gerade auf dem Weg zum Lebensmittelgeschäft ist, um dort einzukaufen? Kein zweieinhalbjähriges Kind wäre z. B. wirklich erschüttert, vor sich an der Kasse ein Kaninchen mit einem Bund Möhren zu sehen. Es würde sich auch nicht wundern, wenn die Taube, der es vorschlägt, doch mit zum Spielplatz zu kommen, wirklich mitflöge.

Humor

Menschen lachen gern, und Kinder ganz besonders. Man sollte beim Selbsterfinden von Theaterstücken aber wissen, dass Kinder im Puppentheater-Alter Ironie noch nicht verstehen können. Auch sollte das Kasperletheater nicht der Ort sein, an dem Schadenfreude trainiert oder Gewalt gezeigt wird. Das Krokodil überlisten und in den Sack stecken, also unschädlich machen und zur Polizei bringen, ist in Ordnung. Prügeln nicht, auch nicht für den Kasper oder den Polizisten.
Was gut ankommt, sind Situationskomik, lustige Wörter und Versprecher, Albernheiten und Verwechslungen. Sie können beliebig eingestreut werden und sind besonders nützlich, um die Kinder nach spannenden Stellen wieder aufzulockern.

Nachdem die Kinder durch Sie die Anregung bekommen haben, werden sie wahrscheinlich die Sache selbst in die Hand nehmen wollen, und das ist wunderbar, weil dadurch die aktive Rolle des Puppenspielers noch mehr Spaß macht und ein Weg in Richtung kreativen, selbständigen Spiels ist. Und die Kinder werden sehr stolz sein, wenn sie ihr erstes Stück für die Erwachsenen aufführen und mit viel Applaus belohnt werden!

Puppen können Angst auslösen

Ein vierjähriges Kind bekam zum Geburtstag ein Kasperletheater mitsamt Figuren geschenkt. Die Freude war groß, aber nach ein paar Tagen bemerkte die Mutter, dass ihr Kind jeden Abend sorgfältig die Vorhänge vor der Bühne zuzog. Einige Wochen später, es ging auf Weihnachten zu, überlegten sie gemeinsam, was auf den Wunschzettel fürs Christkind sollte. Da stellte es die Frage: »Mami, kann das Christkind auch wieder etwas mitnehmen?« – »Was soll es denn wieder mitnehmen?« – »Den Kasper!« kam es erleichtert. Wochenlang hatte das Kind jede Nacht Angst vorm Kasper. Vielleicht sah diese spezielle Puppe für das Kind furchterregend aus, vielleicht war der Kasper in der Fantasie des Kindes zu lebendig.

Hier ein paar Tipps, um Ängste zu vermeiden:

- Eigentlich selbstverständlich: Das Böse, wenn es auftaucht und bekämpft wird, sollte am Ende immer besiegt werden. Kinderseelen können mit einem offenen Ende oder einer Tragödie nicht gut umgehen. Wenn man es mit eher ängstlichen Kindern zu tun hat, wäre es sogar eventuell besser, ein Stück auszusuchen, das weniger spannend, aber dafür umso lustiger ist

- Die Kinder sollten am Ende des Stücks Gelegenheit haben, den Kasper und vielleicht eine andere Figur persönlich und hautnah, quasi per Handschlag, zu begrüßen, und zwar mit dem Erwachsenen, der ihn spielte. Kinder sehen so, dass sie es nur mit Puppen zu tun haben. Keine Sorge, dass ihnen die Illusion geraubt wird, sie werden weiterhin begeistert mit dem Kasper sprechen, aber nach dem Spiel wissen, dass keine Figur ein Eigenleben entwickeln kann. Hilfreich sind z. B. auch Fragen an die Kinder wie: »Dieses Krokodil hier tut keinem etwas. Wisst ihr auch, warum?« – »Genau, weil es nur aus Stoff ist.«
- Gut für das Selbstbewusstsein eher furchtsamer Kinder sind Helden-Rollenspiele: Bei dem Stück »Das Schlossgespenst« erhalten die Kinder zum Beispiel Gelegenheit, das Gespenst, selbst als Gespenst verkleidet, in die Flucht zu schlagen. Denn es tut gut, einmal nicht klein und schwach, sondern groß und mächtig zu sein.

Tipps zum Umgang mit den Puppen:

- So einfach im Prinzip diese Stücke auch sind, sollten Sie vorher ein bisschen üben. Es ist wichtig, dass die Requisiten bereit stehen, der Puppenwechsel gut klappt und der Inhalt klar ist.
- Die Puppe, die gerade spricht, sollte sich bewegen, die jeweils andere möglichst still gehalten werden.
- Die Puppen sollten jeweils von der Seite auf- und abtreten, möglichst nicht von unten auf- und abtauchen.
- Es ist sehr schön, wenn Sie es schaffen, jede Puppe anders klingen zu lassen. Der Kasper zum Beispiel könnte immer munter-forsch klingen, der Seppel etwas naiv, die Hexe hat eine listige, krächzende Stimme, die Prinzessin eine höhere Stimme, der Polizist eine sehr tiefe oder er räuspert sich immer, und so weiter.

- Reagieren Sie, wo immer möglich, mit den Puppen auf die Zwischenrufe der kleinen Zuschauer.
- Selten ist es notwendig, dass Sie als alleiniger Puppenspieler einen einhändigen Puppenwechsel hinter der Bühne vornehmen, weil Sie währenddessen mit der anderen Hand eine Puppe auf der Bühne halten. Beim Abstreifen einer Puppe leistet z. B. ein in einem großen Glas aufgestellter Schuhlöffel gute Dienste. Das Überstreifen der neuen Figur wird erleichtert, wenn Sie die untere Öffnung der Puppe z. B. mithilfe eines halb hineingesteckten Brillenetuis offen halten und so das einhändige Hineinschlüpfen erleichtern.

Für den Fall, dass Sie Bühnenbilder selbst gestalten wollen, gibt es vor jedem Stück und Akt Angaben zum Hintergrund, z. B. »Dorf«, »Schloss« oder »Zauberwald«. Dies ist jedoch eigentlich nicht nötig. Die Kinder werden auch ohne ein realistisches Bühnenbild auf ihre Kosten kommen.

Anmerkung zu allen Stücken:
Mit *(...)* **sind die Stellen gekennzeichnet, an denen den Kindern Gelegenheit zur Antwort gegeben wird.**

Kasper und die Schulprüfung

Für Kinder ab fünf Jahren

Ein Mitmachstück

Zu diesem Stück: Besonders gut eignet sich dieses Stück für Kinder, die bald in die Schule kommen. Es ist lustig, weil Kasper so frech ist, und es nimmt ihnen die Sorge, sie könnten zu dumm sein für die Schule. Denn so dumm *(und frech)* wie der Kasper werden sie sich auf keinen Fall anstellen!

Figuren (in der Reihenfolge ihres Auftritts): Kasper, Lehrerin *(Figur der Großmutter)*

Was wird sonst noch gebraucht: Ein Zeigestock *(Bleistift, Stricknadel o. Ä.)*, eine Schiefertafel *(wenn vorhanden)*, *Gummibärchen (oder Bonbons).*

1. Akt *(Schule)*

Kasper: Tri, tra, trullala, tri, tra, trullala, der Kasper, der ist wieder da. Tri, tra, trullala ... Hallo, Kinder! *(...)*. Ach, so ein schöner Tag, aber ich habe schlechte Laune. Ich muss heute zur Schule. Ich habe gar keine Lust! *(klopft an eine imaginäre Tür)* Klopf, klopf, jemand da?

Lehrerin: *(tritt mit Zeigestock auf, öffnet eine imaginäre Tür)* Guten Tag!

Kasper: Guten Tag. Ich soll mich hier in der Schule melden, sagt die Großmutter.

Lehrerin: Wie schön, du willst also ein Schulkind werden! Ich bin Kunigunde Zeigestock, deine Lehrerin. Und wer bist du?

Kasper: Der Kasper.

Lehrerin: Antworte doch bitte mit einem ganzen Satz. Also »Ich heiße Kasper, Frau Zeigestock.« *(piekst mit ihrem Zeigestock an Kaspers Brust)* Du musst noch Benehmen lernen. Aber da bist du bei mir richtig.

Kasper: Ich bin der Kasper, Frau Ziegenbock!

Lehrerin: Zeigestock, heiße ich. Zeigestock, nicht Ziegenbock! *(piekst wieder mit dem Zeigestock)*

Kasper: Frau Teigstock, die Sache ist die, ich will ja gar nicht in die Schule.

Lehrerin: Zeigestock! So, so, aber du willst doch sicher nicht dumm bleiben?

Kasper: Ich bin nicht dumm, Frau Stiefelhock, ich weiß ja schon eine Menge.

Lehrerin: So, so. Was weißt du denn schon? Du kannst dir ja noch nicht einmal meinen Namen merken.

Kasper: Ich weiß, was ich mag, und was ich nicht mag. Stillsitzen zum Beispiel mag ich gar nicht.

Lehrerin: Weißt du, was für eine Farbe der Himmel hat?

Kasper: *(schaut hoch)* Regenwolken.

Lehrerin: Ich meine nicht, was du siehst, sondern welche Farbe du da oben siehst.

Kasper: Ich sehe bunt.

Lehrerin: Bunt, aha. Bunt ist aber keine Farbe.

Kasper: Da hinten, schau doch, Frau Ziegenbock, da ist ein Regenbogen! Der ist bunt!

Lehrerin: Dann zähl' mir doch mal alle Farben des bunten Regenbogens auf.

Kasper: *(leise zu den Kindern)* Kinder, könnt ihr mir helfen? Welche Farben hat der Regenbogen? *(Die Kinder werden ihm Farben zuflüstern, die Kasper der Lehrerin aufsagt)*

Lehrerin: Na gut. Aber sag mal, Kasper, kannst du denn auch rechnen? Weißt du zum Beispiel, was zwei und zwei macht? *(dem Kasper die Ohren zuhaltend)* Nicht vorsagen, Kinder!!

Kasper: Zwei und zwei macht ... öh ... nö. Wenn du mir die Ohren zuhältst, kann ich nichts hören.

Lehrerin: Sollst du ja auch nicht!

Kasper: Hä?

Lehrerin: *(nimmt ihre Hände von Kaspers Ohren)* Das heißt nicht »hä«, das heißt wie bitte, Frau Ziegenstock. Äh, ich meine natürlich Teigstock. Ach was, Zeigestock!! *(Nimmt ihren Zeigestock wieder in die Hand, piekst Kasper wieder damit.)* Merk dir das, du frecher Lümmel, sonst bekommst du von mir gleich eine sechs.

Kasper: Hä?

Lehrerin: Weil du frech bist. Und das heißt nicht »hä«, sondern »Wie bitte, Frau ...

Kasper: Teigrock!

Lehrerin: Genau! Nein! Zei-ge-stock!! Frau Zeigestock!!

Kasper: Aber Frau Zeigeschock!

Lehrerin: Ziegenbock! Ach, nein, Zeigestock!!!

Kasper: Warum ist es so wichtig, was zwei und zwei macht?

Lehrerin: Sieh mal, Kasper. Ich gebe dir zwei Stücke Apfelkuchen. Wie viele Stücke Apfelkuchen hast du dann?

Kasper: Zwei. Hast du doch selbst gesagt.

Lehrerin: Sehr gut. Und jetzt gebe ich dir noch mal zwei Stücke Apfelkuchen. Was hast du dann?

Kasper: Oh, ganz viel Apfelkuchen! Lecker! *(reibt sich den Bauch)*. Darf ich die alle essen?

Lehrerin: Auf keinen Fall. Wenn du alle vier Stücke auf einmal aufisst, hast du furchtbare Bauchschmerzen. Also, was hast du dann?

Kasper: Bauchschmerzen. Furchtbare. Glaube ich aber nicht. Weißt du, Frau Feigenrock ...

Lehrerin: Zeigestock!

Kasper: Ich habe schon einmal einen ganzen Kuchen gegessen, zusammen mit dem Seppel ...

Lehrerin: *(unterbricht ihn ungeduldig)* Du sollst sie aber nicht essen, sondern zählen, ist das denn so schwer? Eins, zwei, ...

Kasper: Aber wenn ich vier Stücke Apfelkuchen habe, dann esse ich sie auch alle vier auf! Oder ich gebe dem Seppel was ab davon, warte. *(ruft)* Seppel! Seeepeeel!

Lehrerin: Ha! Richtig! Vier, du hast vier gesagt, das war die richtige Antwort!! Prima, Kasper, da hab' ich ja doch ganz schnell ein kluges Kind aus dir gemacht. *(singt)*

Sechs mal sechs ist sechsunddreißig,
Zeigestock, so heiß ich,
mach' die Kinder klug im Nu,
brauche nur den Stock dazu!

Kasper: Natürlich bin ich schlau, was dachtest du denn, Frau Ziegenbock! Aber das Lied geht anders, pass auf: *(singt)*

Sechs mal sechs ist sechsunddreißig,
Ziegenbock, so heiß ich,
ist der Kasper doch so schlau,
dass ich meinem Aug' kaum trau!

Lehrerin: Jetzt wollen wir doch mal schauen, ob du wirklich etwas gelernt hast. Hier sind zwei Gummibärchen. Und hier gebe ich dir nochmal zwei dazu.

Kasper: Lecker! *(Stopft sie sich in den Mund, so wild, dass er dabei den Kindern den Rücken zudreht und nicht zu sehen ist, dass sie hinter die Bühne fallen.)*

Lehrerin: Wie viele hast du nun?

Kasper: *(dreht sich zum Publikum, laut schmatzend, sich den Bauch reibend)* Weiß ich nicht, sind ja weg.

Lehrerin: Ach, ich geb's auf mit dir!

Kasper: *(nimmt ihr den Stock ab, zeigt auf die Kinder)* Du kannst es ja mal bei den Kindern ausprobieren.

Lehrerin: *(entwindet dem Kasper wieder ihren Stock)* Also gut. *(zeigt auf die Kinder)* Wie viele Kinder sind das, Kasper?

Kasper: *(holt ein Glas mit Gummibärchen hinter der Bühne hervor)* Ich habe eine viel bessere Frage:
Wie viele Gummibärchen sind hier drin, Kinder?

Lehrerin: *(tadelnd)* Was wird das, Kasper? Du sollst die Kinder zählen!

Kasper: Hä?

Lehrerin: Das heißt nicht »hä«, sondern »wie bitte, Frau Zeigestock«?

Kasper: *(nickt)* Mir ist aber egal, wie viele Kinder das sind. Piepsegal, schnurzegal, furzegal! Ich will keine Kinder zählen, sondern lieber Gummibärchen.

Lehrerin: Warum Gummibärchen?

Kasper: Wenn du Apfelkuchen hast, können wir auch Apfelkuchen nehmen. Hast du Apfelkuchen?

Lehrerin: Nein.

Kasper: Na, siehst du. Aber wir haben Gummibärchen!

Lehrerin: Ja, das sehe ich, ein ganzes Glas voll.

Kasper: Kinder, wie viele Gummibärchen sind hier drin?

Lehrerin: Also, Kasper, das nützt doch nichts. Keiner kann genau sehen, wie viele da drin sind. Die Kinder können die Gummibärchen doch gar nicht zählen. Die müssen doch raten, wie viele drin sind.

Kasper: Piepsegal, schnurzegal, furzegal! Raten macht doch viel mehr Spaß! Kinder, was glaubt ihr, wie viele Gummibärchen sind hier drin? *(Stellt das Glas ab, nimmt der Lehrerin den Zeigestock ab, deutet auf ein Kind nach dem anderen und fragt es nach seiner Einschätzung. Die Lehrerin schüttelt währenddessen den Kopf.)*

Lehrerin: *(reibt sich die Hände)* So, du frecher Kasper. Jetzt musst du aber schauen, wer richtig geraten hat. Dazu musst du die Gummibärchen zählen. Da hilft jetzt gar nichts!

Kasper: *(überreicht der Lehrerin den Zeigestock)* Da, bitte, hier hast du deinen Zeigeschön zurück, Frau Ziegenstock! *(zu den Kindern)* Kommt mal nach vorn, Kinder *(gibt das Glas den Kindern)*. Immer schön weiterreichen, und jeder nimmt sich immer eines raus, ja? Ein Gummibärchen, bitteschön, noch ein Gummibärchen, bitteschön, und wieder ein Gummibärchen, (macht weiter, bis alle Gummibärchen bis auf eins verteilt sind.) Halt, stopp, und noch eines für mich!

Lehrerin: Und, Kasper? Hast du schön gezählt? Wie viele Gummibärchen waren es? Wer hat richtig geraten?

Kasper: Piepsegal, schnurzegal, furzegal! Es waren genug für alle! Schade, keins mehr für dich drin, Frau Gummistock! Ich hätte dir gern eins in Rot gegeben, das ist meine Lieblingsfarbe!

Lehrerin: *(vergräbt den Kopf in den Händen)* Ich geb's auf mit dir, Kasper! Geh du nur und mach deine frechen Späße weiter woanders, in der Schule können wir dich noch nicht gebrauchen!

Seppel und die Suppe für den König

Zu diesem Stück: Hier geht es um Mitgefühl. Im ganzen Reich von König Kürbiskern wird ein Wettbewerb ausgerufen: Wer für den König die leckerste Suppe kocht, wird zum Ritter geschlagen. Seppel macht sich gleich ans Kochen der Suppe. Er bittet Hexe Schrumpelnas um ihre Mithilfe, und gemeinsam kochen sie eine köstliche Suppe. Auf dem Rückweg aus dem Zauberwald jedoch begegnet Seppel einer alten Bettlerin. Seppel hat Mitleid und gibt ihr von seiner Suppe zu essen, so dass für den König nur noch ein Bodensatz im Topf übrig ist. Der König disqualifiziert Seppels Suppe, weil ein einziger Löffel keine Suppe sei, doch die Prinzessin legt ein gutes Wort für Seppel beim König ein.

Figuren (in der Reihenfolge ihres Auftritts): Polizist, Seppel, Bettlerin *(Figur der Großmutter)*, Hexe, Prinzessin, König

Was wird sonst noch gebraucht: ein kleines, zusammengerolltes Blatt Papier, ein kleiner Topf aus der Puppenküche *(oder eine kleine Tasse)*, ein kleiner Holzlöffel *(oder Teelöffel)* zum Umrühren; ein Hexenbesen *(z. B. ein Bleistift)*.

Tipp: In einer Szene werden hinter der Bühne die Figuren gewechsel, währenddessen sind die Figuren nur zu hören, nicht zu sehen. Deshalb ist es ganz besonders wichtig, sich vorher für jede Figur eine andere Stimme zu überlegen. Der König könnte z. B. eine besonders tiefe Stimme haben, der Polizist eine meckernde, die Bettlerin ganz leise und traurig, die Prinzessin mit heller Stimme sprechen.

1. Akt *(Dorf; Polizist, Seppel)*

Polizist: *(tritt auf, liest von einer Papierrolle ab)*

All ihr Leute, hört die Worte,
der Herr über alle Land' und Orte,
der große König Kürbiskern,
isst, wie ihr wisst, fürs Leben gern.
Besonders liebt er Suppen, scharf und herb,
und so ruft er auf zum Wettbewerb:
Zu wessen Suppe er »Köstlich!« wird sagen,
den wird der König zum Ritter schlagen!
(tritt wieder ab)

Seppel: *(langsam auftretend)* Na, so was! Kinder, habt ihr das gehört? *(...)* Wer dem König Kürbiskern die leckerste Suppe kocht, den schlägt er zum Ritter. Soll ich da mitmachen, was meint ihr? *(...) Tolle Sache, oder wie findet ihr das? (hält inne)* Wenn der König mich zum Ritter ernennt, kriege ich bestimmt auch ein Pferd! *(springt in die Luft)* Ich freue mich schon!!! *(hält wieder inne)* Aber halt, zuerst muss ich ja die köstliche Suppe kochen. *(reibt sich die Hände)* Das haben wir gleich, das kann ja nicht allzu schwer sein. *(hält wieder inne)* Aber das habe ich noch nie gemacht! Kinder, wisst ihr, wie das geht? *(...)* Was meint ihr? Ganz viele Sachen in einen Topf tun, dann Wasser dazu, alles aufkochen und rühren, oder? *(singt)*

Ja, es sind ganz viele Sachen,
die die Suppe lecker machen,
»Köstlich!«, wird der König sagen,
und mich bald zum Ritter schlagen!

(hält wieder inne) Aber da gibt es ein Problem, Kinder. Wie viel Wasser brauche ich, wie viele Kartoffeln, wie viele Möhren, wie viel Lauch? Und wie viel Pfeffer, Salz und Muskat streue ich dazu, damit es dem König richtig gut schmeckt? Und, noch schlimmer: Ich habe gar keinen Topf! Wie soll ich eine Suppe ohne Topf kochen? *(geht hin und her, überlegt)* Was mache ich da nur, was mache ich nur ... Ich hab's! Die Hexe Schrumpelnas' hat einen Topf, und sie kann auch die weltbeste Suppe zaubern! Sie

schuldet mir noch einen Gefallen, weil ich gestern ihren Besen repariert habe. Schrumpelnas' wird mir bestimmt helfen! Auf zum Zauberwald! *(ab)*

2. Akt *(Zauberwald, Bettlerin, Seppel, Hexe Schrumpelnas)*

Bettlerin: Ach, ich arme, alte Frau! Bin so hungrig, und jetzt ist bald Winter, und es gibt kaum noch Beeren und Nüsse, die ich essen könnte. *(hält inne, erfreut)* Da! Mein geliebter Haselnussbaum, der mir so viele leckere Nüsse geschenkt hat! Und was sehe ich da, noch eine letzte Haselnuss an diesem kleinen Zweiglein! Die wird mir köstlich schmecken *(Geht schneller, zu einem imaginierten Baum, greift nach oben, hält inne, enttäuscht)* Oh, nein! Das Eichhörnchen war schneller als ich. Nun, es wird auch Hunger haben, bald wird es kalt. Lass es dir schmecken, flinker Freund! Ich suche morgen weiter, jetzt bin ich müde. *(Geht langsam ab, singt, während hinter der Bühne die Figuren von Seppel und der Hexe über die Hände gestreift werden)*

Müde bin ich, geh zur Ruh,
schließe meine Augen zu,
Schön ist das Leben im Zauberwald
Doch im Winter wird's so bitterkalt
der Bauch tut weh mir vor Hunger,
das ist mein allergrößter Kummer.

Seppel: *(tritt auf, ruft laut)* Hexe Schrumpelnas, Hexe Schrumpelnaaaas! *(nichts passiert)*

Seppel: *(zu den Kindern)* Kinder, helft ihr mir, die Hexe Schrumpelnas' zu rufen? Die hört nämlich nicht mehr so gut. Also, alle zusammen, ja? HEXE SCHRUMPELNAS'!!!

Hexe: *(tritt auf – hält sich die Hände an die Ohren)* Ja Pfeffernüss' und Mandelkern, Honigduft und Erbspüree, verflixt nochmal, wer ruft da so laut nach mir? Ach, Seppel, du bist es! Ja sag' einmal, denkst du vielleicht, ich bin taub?

Seppel: *(laut)* Nein, nur ein bisschen schwerhörig.

Schrumpelnas: Was hast du gesagt?

Seppel: *(noch lauter)* Nimm deine Hände von den Ohren!

Schrumpelnas: *(nimmt die Hände von den Ohren)* Schön, dass du mich besuchen kommst, Seppel!

Seppel: Ich habe dir auch etwas mitgebracht, Schrumpelnas! *(zieht eine kleine Tüte hervor)* Hier, diese Kräuter habe ich extra im Zauberwald für dich gesammelt.

Schrumpelnas: *(öffnet den Beutel, steckt ihre Nase rein)* Oh, wie köstlich die duften, vielen Dank! Soll ich uns gleich einen leckeren Kräutertee kochen?

Seppel: Igitt.

Schrumpelnas: Kräutertee ist gesund.

Seppel: Ja, ich weiß, aber ich hab's eilig. Ich muss eine Suppe kochen für den König.

Schrumpelnas: Bist du Koch geworden?

Seppel: Nein, es ist ein Wettbewerb. Wer die beste Suppe kocht, den schlägt der König zum Ritter.

Schrumpelnas: Warum willst du denn Ritter werden?

Seppel: Dann bekomme ich ein Pferd! Ich habe mir schon immer ein Pferd gewünscht. Ich kann auf seinem Rücken reiten, und es trägt mich, wohin ich will.

Schrumpelnas: Oh, das verstehe ich. Manchmal denke ich, ein Pferd ist bestimmt viel bequemer als ein Hexenbesen.

Seppel: Kannst du mir helfen? Du kannst kochen, du hast diesen großen Topf, und wenn du zum Schluss noch einen Zauberspruch sagst, dann wird meine Suppe auf jeden Fall gewinnen.

Schrumpelnas: Dir helfe ich immer gern, Seppel. Du hilfst mir ja auch, letzte Woche hast du noch neuen Reisig für meinen Besen gesammelt, um ihn zu reparieren. *(zieht einen Besen hervor)* Er fliegt jetzt wieder so schnell wie der Wind, willst du mal eine Runde mit mir drehen?

Seppel: Au ja! *(die beiden schwingen sich auf den Besen und sausen einmal nach rechts, einmal nach links)*

Seppel: Danke, das hat Spaß gemacht. Aber ein Pferd wäre mir trotzdem lieber.

Schrumpelnas: Dann lass' uns deine Suppe kochen. *(Zieht einen kleinen Topf hervor und stellt ihn auf den Rand der Bühne. Dann wirft sie, während sie ihren Spruch aufsagt, entweder imaginierte Dinge in den Topf oder kleine Gemüseimitate aus Holz o. Ä., zum Beispiel aus dem Kaufladen, und streut zum Schluss noch aus einem Salzstreuer etwas hinein.)*

Wasser, Kartoffeln, Möhren, Lauch,
Pfeffer, Salz, Muskat dann auch,
alles in den Topf im Nu',
und gut rühren immerzu',
beim Kochen ohne Eile,
denn gut' Ding braucht Weile.
Und zum Schluss, Abakadabra,
Schneckenschleim und Schlamm dazu,
ausgepresste alte Socken,
Bärenfurz' und Bienenpopel,
das sind die geheimen Sachen,
die die Suppe lecker machen,
»Köstlich!«, wird der König sagen,
und dich bald zum Ritter schlagen!
Abakadabra, fertig! Probier' mal, Seppel!

Seppel: Vielen Dank, liebe Schrumpelnas!

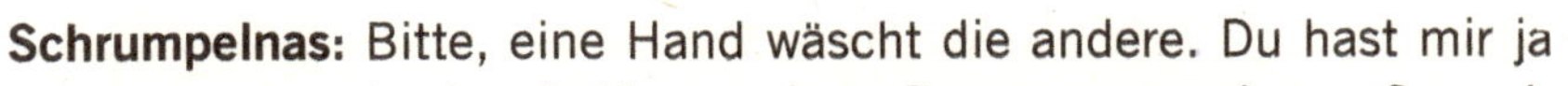

Schrumpelnas: Bitte, eine Hand wäscht die andere. Du hast mir ja auch geholfen, meinen Besen zu reparieren, Seppel.

Seppel: *(im Gehen)* Wenn ich gewonnen hab', darfst du auch mal auf meinem Pferd reiten, Schrumpelnas!

3. Akt *(Wald; Seppel, Bettlerin)*

1. Szene

Seppel: *(den kleinen Kochtopf tragend)* Ach, jetzt muss ich schnell zum König, bevor die Suppe kalt wird.

Bettlerin: Oh, wie das duftet. Das riecht nach einer köstlichen Suppe!

Seppel: Ja, da hast du Recht. Ich habe eine Suppe gekocht, für den Suppenwettbewerb des Königs!

Bettlerin: Ich habe Hunger, solch schrecklichen Hunger. Mein Bauch tut ganz weh vor Hunger.

Seppel: Wenn das so ist, hier, nimm nur von meiner Suppe! *(reicht ihr den Topf)*

Bettlerin: *(schlürft direkt aus dem Topf)* Mh, das tut gut. Darf ich noch mehr essen?

Seppel: Wenn du so großen Hunger hast, nimm ruhig noch mehr.

Bettlerin: Ach, ist das lecker. Das tut gut. Aber ich habe schon die Hälfte aufgegessen, darf ich wirklich noch mehr nehmen?

Seppel: Lass nur einen Löffel übrig, damit der König auch noch probieren kann.

Bettlerin: Danke! *(schlürft weiter, seufzt zwischendurch wohlig)* Mhh, diese Suppe ist so köstlich, und sie wärmt mir den Magen. Gott vergelt's dir, vielen Dank!

Seppel: Auf Wiedersehen!

2. Szene *(vor dem Schloss; Seppel, Polizist, Prinzessin, König)*

Seppel: *(trägt den Topf)* Ich hoffe, ich bin nicht zu spät mit meiner Suppe.

Polizist: Noch eine Suppe? Du kommst leider zu spät, tut mir leid. Der Wettbewerb ist vorbei.

Seppel: Aber diese Suppe ist besonders köstlich, der König wird es nicht bereuen, sie zu probieren!

Polizist: *(ruft)* Majestät, hier kommt einer viel zu spät und bringt noch eine Suppe. Darf er noch mitmachen, wollen Sie noch davon kosten, Majestät?

König: *(aus dem Hintergrund)* Na gut, bringt mir die Suppe.

Polizist: *(übernimmt den Topf von Seppel)* Da hast du aber Glück gehabt, gib her. *(Polizist ab)*

König: *(aus dem Hintergrund)* Mhh, diese Suppe schmeckt himmlisch, köstlich, wunderbar! Die beste Suppe von allen. Wer hat sie gekocht? *(zornig werdend)* Aber warum ist das so wenig? Das reicht ja gerade einmal für einen Löffel! Holt mir den Burschen, der es wagt, dem König mit nur einem Löffel Suppe unter die Augen zu treten!

Polizist: *(ängstlich, aus dem Hintergrund)* Einen Augenblick, Majestät, ich hole den Missetäter. *(tritt auf)* Wie ist dein Name, Unglücklicher?

Seppel: *(ängstlich)* Seppel. Warum? Hat dem König die Suppe nicht geschmeckt?

Polizist: Komm mit. *(Nimmt Seppel bei der Hand, beide ab)*

Bettlerin: *(aus dem Hintergrund, während die Figuren gewechselt werden)* Hallo, ist hier jemand? *(tritt auf, blickt sich suchend um)* Hallo?

Prinzessin: Ja, wer ruft denn da? Oh, du bist es, Waldmütterlein! Soll ich dir Brot und Käse geben, so wie immer?

Bettlerin: Nein, danke, heute habe ich schon gegessen. Deshalb komme ich ja. Der Junge, der gerade die Suppe gebracht hat, der Seppel, der hat ein gutes Herz. Der hat mir fast seine ganze Suppe gegeben. Er hatte

Mitleid, weil ich so hungrig war. Dabei will er eigentlich mit seiner Suppe den Wettbewerb gewinnen. Und nun hat er kaum noch Suppe übrig. *(jammert)* Oh, das ist meine Schuld.

Prinzessin: Sorge dich nicht, Waldmütterlein, und geh ruhig heim in deinen Wald. Ich kümmere mich darum. *(Bettlerin ab)*

Prinzessin: So, jetzt schauen wir doch einmal, wo der Junge mit seiner Suppe steckt. Seppel heißt er, hat das Waldmütterlein gesagt. Seppel! Seppel! *(zu den Kindern)* Kinder, helft ihr mir, den Seppel zu rufen, ja? Also, gemeinsam, ganz laut: SEEEEPPEEEL!

Seppel: Ja, wer ruft nach mir Unglückswurm?

Prinzessin: Ich rufe nach dir. Warum bist du ein Unglückswurm?

Seppel: Ich habe die leckerste Suppe gekocht, die der König je gegessen hat, aber er ist wütend, weil es nur so wenig ist.

Prinzessin: Na, das wollen wir doch mal sehen. Pass' mal gut auf. Geh da hinten hin und warte, ich spreche mit meinem Vater. *(Seppel ab)*

Prinzessin: Papa!!! Komm mal!!

König: *(tritt auf)* Mein Töchterlein?

Prinzessin: Die Suppe vom Seppel, die war doch gut, oder?

König: Sogar sehr. Die beste. Superlecker. Aber zu wenig, leider.

Prinzessin: Es war nur zu wenig, weil Seppel ein gutes Herz hat. Er hat alles dem lieben Waldmütterlein gegeben.

König: Aha. Wie kommt der dazu, meine Suppe dem Waldmütterlein zu geben?

Prinzessin: Weil das Waldmütterlein Hunger hatte und nichts zu essen.

König: Aber ...

Prinzessin: Papa, du bist doch ein guter König, oder?

König: Natürlich bin ich das. Der beste.

Prinzessin: Genau. Der beste und liebste König der Welt. Und deshalb, lieber Papa ...

König: Und deshalb ...?

Prinzessin: Was machst du jetzt, wo du weißt, dass Seppel nicht nur die leckerste Suppe gekocht hat, sondern auch noch ein gutes Herz hat? Was hat er da verdient, bester König und liebster Papa der Welt?

König: Ich schlage ihn zum Ritter?

Prinzessin: Genau! *(gibt ihm einen Kuss auf die Wange)* Danke, Papa, ich schicke Seppel gleich zu dir!

König: *(abgehend)* Schick ihn gleich in den Stall, da kann er sich ein Pferd aussuchen!

Prinzessin: *(nach hinten flüsternd)* Psst, Seppel, du kannst rauskommen!

Seppel: Ich habe alles gehört! Juhu, ich bekomme ein Pferd! Wie kann ich dir nur danken, Prinzessin!

Prinzessin: Komm mit, wir gehen in den Stall, und du suchst dir ein Pferd aus. *(fasst Seppel an den Händen, beide hüpfen in die Höhe)* Wenn du willst, bringe ich dir das Reiten bei, ja?

Seppel: Oh ja! Das muss ich Schrumpelnas' erzählen!

Streit um die letzte Kirsche

Ein Mitmachstück

Zu diesem Stück: Hier geht es ums gerechte Teilen. Die Großmutter schenkt Kasper acht Kirschen zum Teilen mit Seppel. Da Kasper auf dem Weg schon eine isst, kommt es zum Streit um die letzte Kirsche, und während Kasper und Seppel noch eine kreative Lösung suchen, wer diese bekommt, freut sich der Räuber. Zum Glück kommt Großmutter mit frisch gebackenen Plätzchen, und Kasper und Seppel können gemeinsam mit den Kindern zeigen, wie gut sie gerecht teilen können. Dieses Stück eignet sich für Kindergeburtstage als Einleitung vor dem »Kaffeetrinken«.

Figuren (in der Reihenfolge ihres Auftritts): Kasper, Großmutter, Seppel, Räuber

Was wird sonst noch gebraucht: acht Kirschen aus der Puppenküche, wenn vorhanden (falls keine zur Hand sind, können sie z. B. durch Rosinen ersetzt werden).

1. Szene *(Kasper, Großmutter, Seppel, Räuber)*

Kasper: Tri, tra, trullala, tri, tra, trullala, hallo, Kinder! Seid ihr alle da? *(...)* Ich gehe heute zur Großmutter. *(drückt eine imaginäre Klingel)* Dingdong!

Großmutter: *(tritt auf, macht die imaginäre Tür auf)* Ja, der Kasper! Schön, dass du mich besuchen kommst! Aber leider habe ich heute gar keine Zeit, ich wollte nämlich gerade gehen, zu meiner Freundin, der Rosemarie. Wir wollen gemeinsam Weihnachtsplätzchen backen.

Kasper: Was denn, jetzt schon? Wir haben doch erst *(Monat einfügen)*!

Großmutter: Mit dem Plätzchenbacken kann man gar nicht früh genug anfangen. Außerdem, ja denkst du denn, die Weihnachtsplätzchen schmecken nur an Weihnachten? So jetzt muss ich mich aber sputen, sonst verpasse ich noch den Bus.

Kasper: Och, schade. Ich hatte gehofft, dass du Kirschkuchen gebacken hast. Der ist immer so lecker.

Großmutter: Armer Kasper. Aber weißt du was? Hier hast du eine Tüte mit Kirschen, aber teile sie schön gerecht mit dem Seppel auf, ja?

Kasper: *(ausweichend)* Ja, mal schauen.

Großmutter: Versprichst du mir das, Kasper?

Kasper: Also die, die übrig sind, wenn ich bei ihm bin. Die teile ich mit Seppel.

Großmutter: Nichts da, du Frechdachs! Alle Kirschen musst du gerecht aufteilen, jeder kriegt die Hälfte. Nicht, dass es Streit gibt!

Kasper: Na gut.

Großmutter: Und nicht mogeln, hörst du? Gib deiner Großmutter dein Wort drauf!

Kasper: Welches Wort soll ich dir geben?

Großmutter: Dein Ehrenwort. Oh, ich muss sausen! Bis später, Kasper! *(Großmutter ab)*

Kasper: Jetzt habe ich ihr gar nicht mehr mein Ehrenwort geben können! *(steckt sich eine Kirsche in den Mund, schmatzend ab).*

2. Szene *(Kasper, Seppel)*

Kasper: *(trägt die Tüte)* Jeder bekommt die Hälfte, wir teilen ganz gerecht. *(Greift in die Tüte, Kasperl und Seppel essen die Kirschen abwechselnd auf.)*

Seppel: Eine für dich, eine für mich.

Kasper: Eine für dich, eine für mich.

Kasper: Und eine für mich.

Seppel: Und eine für mich.

Kasper: Und die letzte, die kriege ich.

Seppel: Halt, stopp! Das ist meine! Ich bin dran!

Kasper: Ich bin dran. Die letzte gehört mir!

Seppel: Aber du hast die erste gekriegt. Es ging so:

Du, ich, du, ich, du, ich.
Jeder hatte drei Kirschen.
Und jetzt ist eine übrig.

Kasper: Dann gehört die letzte uns beiden! Lass sie uns teilen.

Seppel: Geht nicht. Wer kriegt den Kern? Der Kern ist das Beste. Ohne Kern kann man kein Kirschkernspucken machen. (Wenn Rosinen verwendet werden, sagt Seppel hier: »Geht nicht. Die sind zu klein zum Teilen.«

Kasper: Stimmt. Ich habe eine Idee! Wir laufen um die Wette, und wer am schnellsten ist, bekommt die Kirsche.

Seppel: Au ja, im Laufen bin ich der Beste!

Kasper: Das wollen wir ja mal sehen. Okay, jeder geht zehn Schritte rückwärts, bis um die nächste Ecke. Wir zählen abwechselnd, ja?

Seppel: Eins! *(geht einen »Schritt« zu einem Rand der Bühne)*

Kasper: Zwei! *(geht einen »Schritt« zum anderen Rand der Bühne)*

Seppel: Was kommt nochmal nach zwei?

Kasper: Weiß ich auch nicht. Kinder, was kommt nochmal nach zwei? *(...)*

Seppel: Aha, also drei! *(beide gehen einen »Schritt« weiter)*

Kasper: Und nach drei? Kinder, helft ihr uns? Zählt bitte mal ganz langsam bis zehn, könnt ihr das?

Wenn die Kinder noch zu klein sind, um bis zehn zu zählen, die Zahl entsprechend anpassen.

(Die Kinder zählen, während sich Kasper und Seppel rückwärts nach rechts und links zum Rand der Bühne bewegen und schließlich aus dem Blickfeld verschwinden. Wenn die Kinder bei »fünf« angekommen sind, ruft Kasper aus dem Hintergrund:)

Kasper: Geht das noch lauter? Ich höre euch kaum noch! *(die Kinder zählen weiter, wenn sie bei »zehn« angekommen sind, ruft Seppel:)*

Seppel: Hast du auch nicht gemogelt, Kasper?

Kasper: Und du, Seppel? Hast du auch richtig große Schritte gemacht, oder nur Mäuseschritte?

Seppel: Ich habe Elefantenschritte gemacht, ich bin schon um die nächste Ecke.

Kasper: Ich auch!

Seppel: Sollen wir jetzt loslaufen?

Kasper: Aber wir müssen gleichzeitig loslaufen. Ich habe eine Idee: Die Kinder zählen noch einmal bis zehn, und bei »zehn« laufen wir beide los!

Seppel: Gute Idee. Also los, Kinder!

Kinder: *(...)*

Kasper: Lauter, Kinder, wir hören hier hinten nur Flüstern!

(Wenn die Kinder bei »zehn« angekommen sind, erscheint der Räuber auf der Bühne, klaut blitzschnell die Kirsche und verschwindet. Dann – die Kinder werden vermutlich das Geschehen laut kommentieren oder schreien – schneller Wechsel der Figuren hinter der Bühne – kommen Kasper und Seppel von rechts

und links der Bühne »angerannt« und stoßen in der Mitte mit den Köpfen zusammen.)

Kasper: Aua, meine Nase!

Seppel: Oh weh, mein Kopf!

Kasper: *(sich umblickend)* Die Kirsche ist weg!

Seppel: Sie hat sich in Luft aufgelöst!

Kasper: Kinder, habt ihr etwas gesehen? *(...)*

Seppel: Was sagt ihr?

Kasper: *(zur Seite deutend)* Dort! Schau doch nur! Da läuft der Räuber!

Seppel: Schnell, hinterher! Wir holen uns die Kirsche zurück!

Kasper: Das Hinterherlaufen können wir uns sparen, Seppel. Weißt du, wo die Kirsche jetzt ist?

Seppel: Ja, der Räuber hat sie. Er muss uns die Kirsche zurückgeben!

Kasper: Die ist längst in seinem Bauch.

Seppel: Oh je. Wie kann einer nur so gemein sein, eine Kirsche wegzuessen.

Kasper: *(verlegen)* Du, Seppel. Ich muss dir was sagen.

Seppel: Was denn?

Kasper: Großmutter hatte mir eine Kirsche mehr gegeben. Eine hab' ich schon auf dem Weg gegessen. Ich bin genauso schlimm wie der Räuber.

Seppel: Weißt du was? Das habe ich mir schon gedacht.

Kasper: Warum?

Seppel: Weil Großmutter immer so viele Sachen mitgibt, dass wir sie uns gerecht aufteilen können. Zwei Rosinenhörnchen, vier Lakritzschnecken, sechs Aprikosen, acht Gummibärchen.

Kasper: Das stimmt nicht. Gestern erst hat Großmutter dir für uns beide drei Gummibärchen mitgegeben, weißt du noch?

Seppel: *(schweigt, schaut auf den Boden)*

Kasper: Es waren eigentlich vier, oder? Und du hast auch schon eines gegessen?

Seppel: *(nickt)* Nein. Es waren sechs. Drei hab' ich schon auf dem Weg genascht. Aber ab jetzt teilen wir immer gerecht, oder?

Großmutter: *(aus dem Hintergrund)* Kasper, Seppel, mögt ihr Plätzchen essen? Es ist ein ganzer Berg Plätzchen übrig geblieben, der keinen Platz in der Weihnachtsdose mehr hat. Die dürft ihr alle aufessen, wenn ihr wollt!

Kasper: Na klar wollen wir! Kinder, wollt ihr die mit uns teilen? Dann ruft alle zusammen mit uns, ganz laut, damit die Großmutter es auch hört:
JAAAAAAAA!!!! Und dann kommt hinter die Bühne!
(Kasper und Seppel ab)

Räuber: *(taucht auf)* Plätzchen? Habe ich Plätzchen gehört? Ich liebe Plätzchen!

Die diebische Hausmaus

Für Kinder ab drei Jahren

Zu diesem Stück: Empathie ist ein wesentlicher Faktor für emotionale Intelligenz und wird hier spielerisch trainiert. Seppel hat Mitleid mit der Hausmaus und sucht eine Lösung für das »Problem Maus«, die allen gerecht wird. Die Maus liegt bei Beginn des Stücks auf der Brüstung des Kasperletheaters und schläft. Dann wacht sie auf, geht zum Kühlschrank und frisst sich satt: Käse, Schinken, ein Würstchen werden angeknabbert, ein Ei fällt zu Boden. Dann verschwindet sie in ihrem Loch, um ein weiteres Schläfchen zu halten. Großmutter entdeckt bald darauf das zerbrochene Ei, den geplünderten Kühlschrank, und nimmt mit einem Stock bewaffnet Stellung vor dem Mauseloch. Seppel jedoch hat Mitleid mit der Maus, fängt sie, setzt sie im Garten aus und hilft ihr auch auf die Sprünge, was die natürliche Nahrungsbeschaffung angeht.

Figuren (in der Reihenfolge ihres Auftritts): Maus (wenn kein kleines Stofftier greifbar ist, kann man sich z. B. mit einer grauen Socke behelfen), Seppel, Großmutter

Was wird sonst noch gebraucht: zwei Eier *(hart gekochte oder welche aus Plastik/Holz o. Ä.).*

1. Szene *(Maus)*

Maus: *(liegt auf der Brüstung des Kaspertheaters und schnarcht laut)* Chr .. chrrr ... chrr .... hatschipüüü ... atschipüüühühühühü ... *(wacht auf, gähnt)*
Ach, was habe ich schön geträumt. Die besten Träume habe ich immer, wenn ich richtig gut gegessen habe. Ach, wie köstlich war das heute wieder! Käse, Schinken, ein bisschen Schokolade dazu, und ein wenig Milch zum Schluss. Ein richtiges Schlaraffenland ist das hier, immer, wenn ich hungrig bin, gehe ich einfach an diesen Schrank, und er ist immer voll!! Oh, was ist das? *(Magenbrummen) Hört ihr das? (...)* Ich habe ja schon wieder Hunger! Mein Magen knurrt! Mal schauen, ob schon wieder etwas drin ist im Schrank. *(Geht zur Seite, macht eine imaginäre Schranktür auf und schaut in den Schrank.)* Oh, welche Schätze! Frische Eier! Da werde ich mir gleich mal ein Ei herausnehmen und in mein Versteck tragen! *(nimmt ein Ei heraus, lässt es fallen)* Hoppla! Da liegt es! Kaputt, auf dem Boden. Na, egal. Es sind ja noch mehr da. *(Nimmt sich ein neues Ei, ver-*

schwindet zur anderen Seite damit. Aus dem Hintergrund, während die Figuren gewechselt werden:) So, jetzt muss ich das Ei nur noch in mein Mauseloch schieben. Hau-ruck! Hau-ruck! Oh je, jetzt ist es zerbrochen! Na ja, macht nichts, das lecke ich auf, und die Schale brauche ich sowieso nicht, die lasse ich liegen.

2. Szene *(Großmutter, Seppel)*

Großmutter: Ja, was ist denn das? Die Kühlschranktür steht schon wieder offen! Seppel! Seppel, komm sofort her, du frecher Lümmel!

Seppel: Was ist denn los, Großmutter? Warum schreist du denn so?

Großmutter: Hast du wieder genascht und noch nicht einmal den Kühlschrank wieder zugemacht!

Seppel: Wer, ich?

Großmutter: Ja, du! Gib es ruhig zu. Und sieh mal, ein Ei hast du auch noch kaputt gemacht. Und dann machst du dich aus dem Staub und lässt es einfach liegen!

Seppel: Das war ich nicht!

Großmutter: Wer soll es denn sonst gewesen sein? Etwa ein Räuber?

Seppel: Genau, der Räuber war's.

Großmutter: Und wie soll der Räuber hier hereingekommen sein?

Seppel: Es ist ein ganz kleiner Räuber gewesen.

Großmutter: Ha, du machst mir Spaß.

Seppel: Nein, das ist kein Spaß. Es ist ein winzig kleiner Räuber. Ich habe ihn gestern gesehen. Schau mal *(deutet zur Seite, wo die Maus abging)* dort, da ist sein Versteck.

Großmutter: *(geht ein paar Schritte zur anderen Seite, bückt sich)* Ein Mauseloch, tatsächlich! Und vor dem Mauseloch liegen noch mehr Eierschalen. Das ist der Beweis, wer der Dieb ist. Igitt! Wir haben eine Maus im Haus!

Seppel: Sie ist nicht igitt, sie sieht nett aus.

Großmutter: Na warte, du dreister Eierdieb. (Geht zur anderen Seite ab, kommt mit einem Stock wieder.)

Seppel: Was hast du vor?

Großmutter: *(hebt drohend den Stock über den Kopf)* Ich warte hier, und wenn die Maus rauskommt, dann …

Seppel: *(leise, zu sich) Oh, nein! Die arme Maus! (laut)* Gib mir den Stock, Großmutter! Ich mache das für dich!

Großmutter: Na gut. Aber wenn sie heute Abend immer noch da ist, bekommt sie es mit mir zu tun! *(geht ab)*

Seppel: *(flüstert)* Hey, Maus!! Kannst du mich hören? Du da, in dem Mauseloch!

Maus: *(ängstlich)* Ja-ha?

Seppel: Komm raus, ich tu dir auch nichts.

Maus: Stimmt das auch?

Seppel: Großes Mäuseehrenwort.

Maus: *(kommt hervor)* Du hast aber einen Stock in der Hand.

Seppel: Damit soll ich dich verjagen. Weil du immer unsere Eier klaust.

Maus: Ich will aber nicht weg von hier! Ich verspreche, dass ich keine Eier mehr wegnehme. Darf ich dann bleiben?

Seppel: Und was willst du stattdessen essen?

Maus: Es gibt doch genug andere Sachen hier. Käse, Wurst, Brot, Schokolade ...

Seppel: Das ist es ja gerade. Du sollst hier gar nichts mehr essen. Großmutter versteht da keinen Spaß.

	Ich würde an deiner Stelle schnell von hier verschwinden.
Maus:	Aber wohin soll ich denn?
Seppel:	Na, nach draußen. Da, wo du hingehörst. In den Garten. Da störst du keinen. Aber wehe, Großmutter sieht dich noch einmal hier im Haus.
Maus:	Aber wovon soll ich denn da draußen leben? *(beginnt zu weinen)* Huhu, ich werde verhungern.
Seppel:	Nein, draußen gibt es viel für dich zu essen. Komm mit, ich zeige es dir. Großmutters Garten ist viel besser als der Vorratsschrank. Es gibt Himbeeren ...
Maus:	Lecker! Ich mag Himbeeren!
Seppel:	Brombeeren ...
Maus:	Lecker!
Seppel:	Äpfel, Birnen, so viel du magst.
Maus:	Lecker, lecker! Aber was mache ich, wenn der Winter kommt? Dann gibt es doch keine Früchte mehr! *(weint wieder)* Huhu, ich werde verhungern!
Seppel:	Frag' am besten deine Verwandten, die draußen leben, ob du zu ihnen in die Höhle darfst. Da könnt ihr euch aneinander kuscheln und habt es schön warm, und

außerdem haben deine Verwandten sich einen dicken Vorrat angelegt, mit Nüssen, Bucheckern, Eicheln, da habt ihr den ganzen Winter genug zu futtern.

Maus: Das klingt gut.

Seppel: Und jetzt komm, ich zeige dir, wo die Himbeeren wachsen. *(Seppel und Maus ab. Aus dem Hintergrund Schmatzen, dann die Stimme der Maus)* Hmmm, lecker!!

Seppel: *(aus dem Hintergrund)* Achtung, Großmutter kommt, versteck dich!

Großmutter: *(tritt auf)* Seppel!! Die Maus ist weg, das hast du gut gemacht! Aber sag einmal, ist das da hinten, beim Himbeerstrauch, etwa die Maus? Frisst die Maus mir jetzt etwa die Himbeeren weg?

Seppel: Nur die, die schon auf die Erde gefallen sind.

Großmutter: *(seufzt)* Na gut, die darf sie haben. Wenn sie nur vom Kühlschrank wegbleibt.

Das Monster im Keller

Ein Mitmachstück

Zu diesem Stück: »Das Monster im Keller« eignet sich besonders gut für einen Kindergeburtstag. Es ist spannend, weil zunächst niemand weiß, was es mit dem Monster im Keller auf sich hat, und es bietet eine gute Überleitung zum gemeinsamen Kuchenessen.

Figuren (in der Reihenfolge ihres Auftritts): Kasper, Seppel, Polizist, Krokodil

Was wird sonst noch gebraucht: ein Überraschungsei, ein Geburtstagskuchen, ein Goldtaler (Schokoladen-Goldtaler aus der Süßwarenabteilung; ansonsten tut es auch eine Geldmünze).

1. Szene *(Kasper, Seppel)*

Kasper: Tri, tra, trullala, tri, tra, trullala ... Hallo, Kinder! *(...)* *Seid ihr alle da? (...)* Ich höre ja gar nichts! Seid ihr wirklich alle da? *(...)*
Ach, wisst ihr, heute ist ein besonderer Tag. Seppel hat heute Geburtstag! Er wird *(Alter des Geburtstagskindes einfügen)* ... Jahre alt! Und ich habe auch ein Geschenk für ihn. Wartet, ich hole es und zeige es euch! *(Verschwindet, kommt mit einem Überraschungsei wieder, schüttelt es)*
Am liebsten würde ich es schon aufmachen und nachsehen, was drin ist. Was meint ihr, soll ich? *(...)* Ach, ihr habt ja recht. Es ist Seppels Geschenk, nicht meins. *(»geht« in Richtung Seitenrand).*
So, da bin ich auch schon bei Seppels Haus. *(Schaut nach schräg oben.)* Da oben, da ist sein Zimmer. Seppels Zimmerfenster steht weit offen, da kann er mich bestimmt hören. Ich pfeife mal nach ihm. *(räuspert sich, pfeift leise. Nichts passiert)* Ich glaube, das hat er nicht gehört. Ich rufe ihn mal. *(ruft) Seppel!!! (lauter) SEPPEL!! (noch lauter)* GEBURTSTAGS-SEPPEL!! *(wendet sich wieder dem Publikum zu)* Er hört mich nicht! Kinder, ich habe eine Idee, helft ihr mir, den Seppel zu rufen? Auf drei, ja? Eins, zwei, drei: SEEEEPPPPEEELL! *(Nichts passiert)*

Kasper: Ich habe noch eine Idee: Wir singen ihm ein Geburtstagslied, ja? Das hört er bestimmt. Aber ihr müsst alle mitsingen, ganz laut, ja? Ihr kennt doch bestimmt alle »Happy birthday to you«? Also, los geht's:

Happy birthday to you,
Marmelade im Schuh,
Aprikose in der Hose,
Happy birthday to you!

(Wenn alle gesungen haben, passiert ein paar Sekunden lang gar nichts, Kasper schaut verdutzt hin und her. Dann ertönt ein lauter Schrei)

Kasper: Das klingt nach Seppel. Wisst ihr was, Kinder? Der schreit bestimmt vor Freude, weil wir so schön gesungen haben für ihn. Das machen wir gleich nochmal, ja? Also los: Happy birthday *(...)*
(Wieder ein Schrei, diesmal noch lauter, dann tritt Seppel auf, schaut sich hektisch um.)

Kasper: Sag einmal, Seppel, was schreist du denn so?

Seppel: Ein Monster! Es wollte mich fressen! Es ist hinter mir her! Ein riesiges Monster!

Kasper: Oh je, du hast einen Alptraum gehabt, und das an deinem Geburtstag! Herzlichen Glückwunsch, Seppel! *(überreicht ihm das Ü-Ei.)*

Seppel: *(beklommen)* Danke.

Kasper: Und jetzt erzähl mal von deinem Traum. Ich liebe gruselige Träume!

Seppel: Das war kein Traum. Das Monster war hinter mir her, wirklich!

Kasper: Ja, das kannst du der Großmutter erzählen. Träume sind Schäume, du musst keine Angst haben. Und jetzt erzähl! War es groß?

Seppel: Riesengroß. Und es ist bei mir im Haus, in echt!

Kasper: Du machst nur Spaß, oder?

Seppel: Wenn du glaubst, ich mach' nur Spaß, dann geh doch selbst in den Keller und schau! Aber sag' hinterher nicht, ich hätte dich nicht gewarnt!

Kasper: Gut, kommst du mit?

Seppel: Nein, ich bin doch nicht verrückt. *(verlegen)* Außerdem muss ich mich umziehen.

Kasper: Du hast dir doch nicht etwa ... vor Angst in die Hosen gemacht?

Seppel: Doch.

Kasper: Also gibt es wirklich ein Monster im Keller?!

Seppel: Das sag' ich doch die ganze Zeit. Riesig groß, mit gefährlich blitzenden Zähnen. Sei bloß vorsichtig!

Kasper: Ha, ich bin der Kasper, ich habe doch keine Angst! Zieh du dir eine neue Hose an, ich gehe in den Keller und schaue mir das Monster an. (Kasper und Seppel gehen in verschiedene Richtungen ab.)

2. Szene *(Krokodil, Kasper)*
(Das Krokodil liegt auf dem Rand der Bühne, reißt das Maul auf und gähnt. Kasper tritt auf und schreckt zurück.)

Kasper: Ja furzpupsschmatz nochmal, ein Krokodil! Mit einem riesigen Maul und blitzenden Zähnen drin! Willst du mich fressen, dass du deinen Schlund so weit aufreißt? Dass du es gleich weißt, du grüner Tatzelwurm:
Ich schmecke ganz furchtbar, wenn du mich verschlingst, wird dir spei-übel! Ein Kasper ist das reinste Gift für Krokodile!

Krokodil: Ich habe doch nur gegähnt. Ich bin krokodilsmüde, und mir ist auch schon ein bisschen übel. Ich hab mich überfressen.

Kasper: *(erschrocken)* Was? Wen hast du denn schon gefressen? Etwa die Großmutter?

Krokodil: Nein, ich habe eine ganze Torte verputzt. Da waren so *(Alter des Geburtstagskinds einfügen)* dünne Stäbe drauf, die habe ich auch mitgefressen, aber die schmeckten scheußlich. Und jetzt ist mir schlecht.

Kasper: Ha, ha, du hast die Kerzen mitgefressen! Du Dummkroko, die sind doch nicht zum Fressen! Kein Wunder, dass dir übel ist.

Krokodil: *(Rülpst ein paarmal sehr laut.)* Ah, das tat gut. Jetzt geht's mir schon besser.

Kasper: Wie bist du überhaupt hier reingekommen?

Krokodil: Durch das Kellerfenster. Es stand offen, und ich kam vorbei und war neugierig, habe reingeschaut und die Torte gesehen. Sie stand unter dem Fenster und sah so lecker aus. Dann habe ich mich gestreckt, um dranzukommen, und bin reingefallen.

Kasper: Wo kommst du eigentlich her?

Krokodil: Aus dem Zoo, der ist gleich nebenan.

Kasper: Du bist also ausgebrochen?

Krokodil: *(nickt)* Mir war so langweilig. Heute waren gar keine Besucher da. Und weil der Tierpfleger vergessen hat, die Tür zu schließen, bin ich rausgelaufen.

Kasper: Wenn ich verspreche, dass der Seppel und ich dich oft besuchen, kehrst du dann wieder zurück in den Zoo?

Krokodil: *(nickt)* Ja, hier ist es mir sowieso zu kalt und zu ungemütlich. Aber allein schaffe ich es nicht.

Kasper: Na, dann komm, ich helfe dir hoch. *(schiebt das Krokodil zur Seite heraus)* Hau-ruck! Hau-ruck!

Krokodil: *(aus dem Hintergrund)* Bin draußen, danke!

Kasper: *(ruft ihm nach)* Und findest du auch allein zurück?

Krokodil: Ja, ja, kein Problem!

Seppel: *(nicht zu sehen, ruft nur)* Kasper, lebst du noch oder hat das Monster dich gefressen?

Kasper: Ja, Seppel, warte, ich komme jetzt wieder hoch! *(Kasper ab.)*

3. Szene *(Polizist, Seppel)*

Polizist: Seppel, gut, dass ich dich sehe. Ich muss alle Menschen warnen, die am Zoo wohnen. Das Krokodil ist ausgebrochen. Sei bitte vorsichtig und halte Fenster und Türen verschlossen! Und wenn du es siehst, rufe bitte sofort die Polizei. Weißt du die Nummer?

Seppel: Nö, weiß ich nicht.

Polizist: Das solltest du aber wissen. Das ist wichtig. In einem Notfall wählst du einfach 110.

Seppel: Alles klar. Eins, eins null, das kann ich mir merken. Und was passiert dann?

Polizist: Dann komme ich und bringe das Krokodil wieder in den Zoo zurück. Und du bekommst einen Goldtaler. Den Goldtaler bekommst du zur Belohnung vom Zoodirektor, wenn er sein Krokodil dank deiner Hilfe wiederfindet.

Seppel: Cool! Aber leider habe ich kein Krokodil gesehen. Schade. Dabei habe ich im Keller ein Monster. Es ist groß und grün und hat krumme Beine und ein riesiges Maul ... Moment mal ... *(zu den Kindern)* Kinder, was glaubt ihr, das Monster im Keller, ist das vielleicht das Krokodil? *(...)*
Ja, sagt ihr? Juhu! Dann bekomme ich ja die Belohnung! *(zum Polizisten)* Herr Wachtmeister Schnurstracks, ich weiß, wo das Krokodil ist, in meinem Keller! Bekomme ich jetzt die Belohnung?

Polizist: Das muss ich erst mit eigenen Augen sehen! Aber wenn es stimmt, bekommst du einen Goldtaler, mein Junge! *(Seppel und der Polizist »gehen« an den Rand der Bühne)*

Seppel: Da runter musst du gehen, Wachtmeister Schnurstracks.

Polizist: Und du? Kommst du nicht mit? *(Seppel zur einen, Polizist zur anderen Seite ab.)*

Seppel: Nein, ich bleibe lieber oben.

4. Szene *(Polizist, Kasper)*

Polizist: Kasper, was machst du denn hier?

Kasper: Und du?

Polizist: Ich will das Krokodil fangen.

Kasper: Da bist du zu spät.

Polizist: Das Krokodil war hier?

Kasper: Ja. Aber jetzt ist es wieder weg.

Polizist: Schade, da wird der Seppel traurig sein. Er hatte sich schon auf die Belohnung gefreut.

Kasper: Welche Belohnung?

Polizist: Wer das Krokodil findet, bekommt einen Goldtaler.

Kasper: Ich habe es schon gefunden.

Polizist: Ja, der Seppel auch. Aber das zählt nicht, denn es ist ja jetzt nicht mehr hier.

Kasper: Ich weiß aber, wo es jetzt ist. Ich habe es überredet, wieder in den Zoo zurückzugehen.

Polizist: Wenn das stimmt, kriegst du den Goldtaler.

Kasper: Nein, gib ihn dem Seppel. Der hat heute Geburtstag, und außerdem war das Krokodil ja in seinem Keller und hat seine Geburtstagstorte aufgefressen.

Polizist: Für den Goldtaler kann er sich vom Bäcker Zuckerschleck eine riesige neue Geburtstagstorte backen lassen!

Seppel: *(aus dem Hintergrund)* Ist alles in Ordnung da unten? Herr Wachtmeister Schnurstracks, Kasper, geht es euch gut, lebt ihr noch?

Kasper: Ja, Seppel, wir kommen jetzt hoch!

5. Szene *(Kasper, Seppel)*

Kasper: *(Schaut mehrmals hinter die Bühne, dann wieder zum Publikum.)* Das ist die schönste Geburtstagstorte, die Bäcker Zuckerschleck je gebacken hat!

Seppel: Und die größte! *(evl. beschreibt er die Torte : Lecker, mit Marzipan ... und Kirschen ... ich liebe Kirschen ....)*

Seppel: Ach, wie schade.

Kasper: Wieso schade?

Seppel: Wenn wir die ganze Torte aufessen, ergeht es uns wie dem Krokodil. Dem ist speiübel geworden.

Kasper: Ja, aber doch nur, weil es so dumm war und die Kerzen mitgefressen hat.

Seppel: Trotzdem, es ist viel zu viel für uns beide.

Kasper: *(deutet zum Publikum)* Aber wir können doch teilen, schau mal, da sitzen Kinder, die haben alle Hunger! Kinder, mögt ihr eine superleckere Torte essen mit uns? Ja? *(...)* Dann kommt nur hinter die Bühne!

Der Weihnachts-Wunschzettel

Ein Mitmachstück

Zu diesem Stück: Hier werden die Kinder zum Malen animiert. Kasper will mit Seppel Schlitten fahren, doch Seppel muss noch seinen Wunschzettel fürs Christkind fertig machen. Das ist nicht so leicht, denn Seppel, der noch nicht lange zur Schule geht, kann noch nicht gut schreiben, also rät Kasper ihm, seine Wünsche aufzumalen. Es stellt sich heraus, dass Seppel auch kein begnadeter Maler ist, ebenso wenig wie Kasper, doch dann hat Kasper eine Idee: Er bittet die Kinder, Seppels größten Wunsch aufzumalen.

Figuren (in der Reihenfolge ihres Auftritts): Kasper, Seppel

Was wird sonst noch gebraucht: ein kleiner Schreibblock und ein Stift, den Kasper und Seppel benutzen können. Außerdem Malstifte und Papier, die an einem Tisch für die Kinder bereit liegen.

Kasper: Tri, tra, trullala, tri, tra, trullala ... brrrr, ist das kalt! *(Reibt sich die Hände, um sie zu wärmen, schaut zum Publikum, als würde er aus dem Fenster nach draußen sehen, aufgeregt.)* Es schneit! Juhu, es schneit! Hui, da werde ich gleich zum Seppel laufen, und wir nehmen unsere Schlitten und gehen zum Windberg. Kinder, wisst ihr, warum der Windberg Windberg heißt? Weil der so steil ist, da heißt es festhalten auf dem Schlitten, und schnell wie der Wind saust du den Berg hinab! Hui, das macht Spaß! *(Geht zum Rand der Bühne, drückt auf eine imaginäre Klingel.)* Dingdong! Jemand daheim?

Seppel: Oh, hallo, Kasper!

Kasper: Hast du schon gesehen, was passiert ist?

Seppel: Nein, was denn?

Kasper: Schau mal nach draußen! Alles ist weiß! Komm, wir nehmen unsere Schlitten und gehen zum Windberg! Dann sausen wir um die Wette runter.

Seppel: Ach, ich kann leider nicht. Ich muss noch den Wunschzettel fürs Christkind fertig machen.

Kasper: Ja, dann' mach' schnell, ich warte.

Seppel: Da kannst du lange warten.

Kasper: Warum?

Seppel: Ich muss doch die Wünsche aufschreiben.

Kasper: Hast du denn so viele Wünsche?

Seppel: Nein, aber ich kann doch noch nicht richtig schreiben. Das dauert ewig.

Kasper: Verstehe. Soll ich das für dich machen?

Seppel: Kannst du denn schreiben? Du willst doch nicht in die Schule gehen.

Kasper: Ach, stimmt, hatte ich vergessen. Aber weißt du was? Ich habe eine Idee!

Seppel: Und welche Idee?

Kasper: Du malst deine Wünsche auf! Hier, nimm Papier und Stift!

Seppel: Auf fein! *(legt das Blatt auf den Rand der Bühne, malt mit beiden Händen ungelenk einen Kreis)*

Kasper: *(schaut auf das Blatt)* Du wünschst dir ein Osterei? Aber es ist doch Weihnachten!

Seppel: Das ist kein Ei, das ist ein Fußball, sieht man das nicht? *(zeigt das Blatt dem Publikum)* Kinder, sieht man nicht, dass das ein Fußball sein soll? *(...)*

Seppel:	*(zu Kasper)* Meinst du, das Christkind wird den Fußball erkennen?
Kasper:	Also, ehrlich gesagt ...
Seppel:	*(Malt wieder einen Kreis)* Und das hier ist mein nächster Wunsch.
Kasper:	Ah, das ist leicht. Du wünschst dir einen Teller. Da kannst du dann das Osterei drauflegen!
Seppel:	Nein, das ist eine Frisbee-Scheibe! (Malt wieder etwas, diesmal einen Strich und ein Dreieck)
Kasper:	Und für die Schule wünschst du dir einen neuen Bleistift und ein Geodreieck, oder?
Seppel:	Nein!!! Das ist ein Ritterschwert und ein Schild, sieht man das nicht?
Kasper:	Also ehrlich gesagt ...
Seppel:	*(stöhnt)* Dabei habe ich das Schwierigste noch gar nicht gemalt. Die Schlittschuhe.
Kasper:	Das sind aber viele Wünsche.
Seppel:	Das Christkind muss ja etwas zum Auswählen haben. Damit es sich nicht langweilt.
Kasper:	Stimmt auch wieder. Aber nachher wählt es die fal-

schen Sachen aus, die du dir gar nicht so dringend wünschst?

Seppel: Daran habe ich auch schon gedacht. Deshalb will ich das schönste Bild von dem malen, was ich mir am meisten wünsche.

Kasper: Und was wünschst du dir am meisten?

Seppel: Das ist das Problem. Die Schlittschuhe. Die kann ich aber nicht gut malen. *(Malt zwei Querstriche als Kufen und zwei Rechtecke als Schuhe darüber.)* Sieh mal, ich habe es versucht, aber ob das Christkind erkennt, dass das Schlittschuhe sind?

Kasper: Lass mich mal! *(Malt ebenfalls zwei Querstriche und darüber etwas, das schon etwas besser ist, aber immer noch nicht als Schlittschuh erkennbar.)*

Seppel: Ich glaube, die Schlittschuhe kann ich vergessen.

Kasper: Ja, du hast recht. *(Schaut zu den Kindern, dann zu Seppel, dann wieder zu den Kindern.)* Ich habe eine Idee! Kinder, wer von euch kann malen? *(...)*
Das ist ja toll, Kinder, wollt ihr dem Seppel helfen? *(...)* Da hinten liegen Malstifte und Papier. Bis gleich, Kinder, da fahren Seppel und ich jetzt Schlitten, und wenn wir wiederkommen, schauen wir uns eure Bilder an und bewundern sie!

Grete hat Geburtstag

Für Kinder ab drei Jahren

Zu diesem Stück: Dies ist ein Stück, das spielerisch dazu anregt, sich übers Schenken Gedanken zu machen. Der Kasper hat kein Taschengeld mehr übrig für ein Geschenk, das Geld kostet, sieht aber durch einen Blick in die Kristallkugel der Wahrsagerin ein, dass etwas, das er selbst nicht gebrauchen kann, auch Grete keine Freude machen würde. Die Wahrsagerin bringt ihn schließlich auf eine gute Idee.

Figuren (in der Reihenfolge ihres Auftritts): Kasper, Großmutter, Wahrsagerin Schlauschau *(Figur der Hexe)*, Grete

Was wird sonst noch gebraucht: zwei gleiche Taschentücher, eins davon mit vier Knoten, eine »Kristallkugel« für die Wahrsagerin *(große Glasmurmel)*.

1. Szene *(Kasper, Großmutter)*

Kasper: *(er tritt mit einem kleinen Blumenstrauß in der Hand auf.)* Tri, tra, trullala. Hallo, Kinder, seid ihr alle da? *(…)* Seht mal, die Blumen. Schön, gell? Und wie die duften! Die sind nämlich ganz frisch, die habe ich gerade erst gepflückt. So, da bin ich schon an Großmutters Haus. *(drückt imaginäre Klingel)* Ding-dong, blim-blam, plum-plam! *(lauter)* Ding-dong, blim-blam, plum-plam! Das hat sie immer noch nicht gehört. Also nochmal, Kinder, helft ihr mir, noch lauter zu schellen? Ja? *(…)* Also gut, alle gemeinsam: Ding-dong, bim-bam, plum-plam!

Großmutter: Ja, so eine Freude, der Kasper kommt seine Oma besuchen! Das ist aber lieb von dir, dass du mir so schöne Blumen mitgebracht hast! Die sehen genauso aus wie die Blumen, die ich im Garten habe.

Kasper: Die du im Garten hattest, Oma.

Großmutter: Was, du schenkst mir meine eigenen Blumen? Du frecher Lümmel!

Kasper: Ich dachte, du kannst dich doch nicht mehr gut bücken, zum Pflücken, also habe ich das für dich gemacht!

Oma: *(lacht)* Um eine Ausrede bist du auch nie verlegen! Na, willst du bei mir essen?

Kasper: Hungrig bin ich immer! Was gibt's denn?

Großmutter: Erstmal gibt es Händewaschen. Deine Hände sind ja ganz schwarz vor lauter Dreck.

Kasper: Händewaschen mag ich nicht. Das Wasser ist so nass.

Großmutter: Dann gibt's nur Schwarzbrot für dich, passend zu deinen schwarzen Händen!

Kasper: *(schnuppert laut)* Du, was riecht denn hier so gut?

Großmutter: Oh je! Der Kuchen! Ich habe den Kuchen ganz vergessen!

Kasper: Du backst einen Kuchen? Den will ich probieren!

Großmutter: Ja, für die Grete. Und probieren darfst du ihn, aber erst morgen, bei Gretes Geburtstagsfeier.

Kasper: Schade.

Großmutter: Und wenn du zu Gretes Geburtstag kommst, rate ich dir: Wasch' dich, kämm' dich, putz' dir die Nase, damit du frisch und appetitlich aussiehst.

Kasper: Wieso soll ich appetitlich aussehen, will die Grete mich essen? Die hat doch den Kuchen!

Großmutter: Jetzt aber ab mit dir, du nichtsnutziger Frechdachs! Hier hast du ein Taschentuch, damit kannst du dein Gesicht saubermachen! Hast du übrigens schon ein Geschenk für Grete?

Kasper: Nein. Keine Ahnung, was ich ihr schenken soll.

Großmutter: Frag' sie doch einfach, was sie sich wünscht.

Kasper: So viel wollte ich auch wieder nicht ausgeben. Ich weiß, was ich ihr schenke: Blumen, ich habe nämlich mein Taschengeld schon ausgegeben, und die kosten nichts.

Großmutter: Ja, weil du sie in meinem Garten pflückst. Untersteh dich, Kasper, und jetzt raus mit dir! Aber zuerst das Gesicht waschen. Mit so einem dreckigem Gesicht geht man nicht aus dem Haus, Kasper! Du hast ja noch die Marmeladenreste von heute Morgen am Mund!

Kasper: Nein, heute Morgen hatte ich Müsli, die Marmelade muss von gestern sein! *(Kasper ab.)*

Großmutter: *(schüttelt den Kopf)* Dieser Frechdachs! Was glaubt ihr, Kinder, ob sich der Kasper das Gesicht wäscht? *(...)* Nein? Ich glaube, da habt ihr Recht. *(Großmutter in andere Richtung ab.)*

2. Szene *(Kasper, Wahrsagerin)*

Kasper: So ein schönes, weißes Taschentuch. Viel zu schade fürs Gesicht. Ich habe eine Idee:
Das ist ein supertolles Geschenk für Grete!

Wahrsagerin Schlauschau: Guten Tag, Kasper. Na sag mal, du hast aber ein dreckiges Gesicht!

Kasper: Ja, ja, ich weiß, Frau Schauschlau.

Wahrsagerin: Es heißt Schlauschau.

Kasper: Wie?

Wahrsagerin: Ich heiße Schlauschau. Weil ich schlau in die Zukunft schau. Frau Schlauschau schaut schlau.

Kasper: Aber man kann auch sagen Frau Schauschlau schaut schlau. Oder Frau Schauschlau schlau schaut.

Wahrsagerin: Nein.

Kasper: Aber gut, dass ich dich treffe, Frau Klugguck. Du kannst doch in die Zukunft schauen mit deiner Kristallkugel, oder? Ich wüsste nämlich gern, ob sich die Grete morgen über mein Geschenk freut.

Wahrsagerin: Ja, das kann ich. *(holt die Kristallkugel hervor)* Aber Kinder, ihr müsst das Licht ausmachen, und dann,

Kasper, nimmst du diese Lampe und leuchtest vor die Kugel, ja?

Kasper: Alles klar! *(das Licht geht aus, die Taschenlampe an)* Siehst du schon was?

Wahrsagerin: Shhhht! Leise! Ich muss mich konzentrieren!

Kasper: Und?

Wahrsagerin: *(beschwörend)* Leuchte, oh Kugel, mir die Zukunft klar und hell: Wird freuen sich Grete über des Kaspers Geschenk? Zeig' es mir schnell!

Kasper: Und? Nun sag' schon, was du siehst!

Wahrsagerin: *(schüttelt den Kopf)* ts, ts, ts ...

Kasper: Du willst es mir nicht sagen?

Wahrsagerin: Du schenkst ihr ein Taschentuch? Das ist ein ziemlich blödes Geschenk, oder?

Kasper: Wieso denn? Es ist sehr praktisch, ich brauche es nämlich nicht.

Wahrsagerin: Aber die Grete braucht es auch nicht. Sie hat schon welche, viel schönere übrigens.

Kasper: Aber Taschentücher kann man doch immer gebrauchen, oder?

Wahrsagerin: Dann behalte es doch selbst, wenn man es so gut gebrauchen kann.

Kasper: Taschentücher sind langweilig.

Wahrsagerin: Na, siehst du? Das findet Grete auch.

Kasper: Und jetzt? Ich habe doch nichts anderes. Blumen pflücken darf ich nicht mehr in Omas Garten, mein Taschengeld ist schon fast weg. Ich habe nur noch einen Euro, dafür würde ich ihr gerade mal eine Kugel Eiscreme kaufen können.

Wahrsagerin: Das ist doch schon einmal eine gute Idee! Ich schaue mal eben, ob sie Eiscreme mag, macht nochmal das Licht aus, Kinder! Und du, Kasper, mach' wieder die Taschenlampe an! *(schaut in die Kugel)*

Leuchte, oh Kugel, mir die Zukunft klar und hell:
Wird freuen sich Grete über ein Eis?
Zeig' es mir schnell!

Kasper: Da brauchst du gar nicht zu schauen, das weiß ich auch so.

Wahrsagerin: Sie freut sich über ein Eis. Sie hüpft vor Freude.

Kasper: Ja, klar. Aber es geht trotzdem nicht. Wenn ich in der Eisdiele ein Eis kaufe schmilzt es, bis ich damit bei Grete bin.

Wahrsagerin: Ich habe eine Idee, mach' mal vier Knoten rein in das Taschentuch!

Kasper: Meinst du, Grete freut sich über ein verknotetes Taschentuch? Das ist ja dann nicht mehr zu gebrauchen!

Wahrsagerin: Doch, und wie! Denn pass' mal auf, was es mit den Knoten auf sich hat *(flüstert Kasper etwas ins Ohr).*

Kasper: Oh, das ist gut! Danke, liebe Frau Schauschlau! *(Kasper ab.)*

Wahrsagerin: Schlauschau! *(Wahrsagerin ab, dabei murmelnd)* Schlau schaut Frau Schlauschau, und nicht schlau schaut Frau Schauschlau!

3. Szene *(Kasper, Grete)*

Kasper: *(Tritt mit dem verknoteten Taschentuch auf, drückt auf eine imaginäre Klingel.)* Ding-dong, blim-blam, plum-plam! Hm, das hat sie nicht gehört. *(lauter)* Ding-dong, blim-blam, plum-plam! *(zu den Kindern)* Helft mir mal bitte zu klingeln, also los, alle zusammen: DING-DONG, BIM-BAM, PLIM-PLAM!!

Grete: Hallo, Kasper!

Kasper: Herzlichen Glückwunsch zum Geburtstag, liebe Grete! Schau mal, was ich dir mitgebracht habe! *(überreicht ihr das Taschentuch)*

Grete: *(verwundert)* Ein Taschentuch? *(nicht sehr begeistert)* Danke.

Kasper: Aber es ist ein besonderes Taschentuch. Siehst du die Knoten?

Grete: Eins, zwei, drei, vier. Vier Knoten!

Kasper: Für den ersten Knoten schenke ich dir ein Eis. Ich habe es nicht mitgebracht, weil es auf dem langen Weg geschmolzen wäre. Der Knoten ist dafür da, um daran zu erinnern, dass du und ich zur Eisdiele gehen und du ein Eis von mir bekommst, verstehst du?

Grete: Wann?

Kasper: Wann du willst!

Grete: Toll! Gleich jetzt! Und die anderen drei Knoten?

Kasper: Das sind Wunschknoten. Dafür darfst du dir von mir wünschen, was du willst. *(verlegen)* Es darf nur nichts kosten, ich hab' nämlich kein Taschengeld mehr übrig.

Grete: Also darf ich mir zum Beispiel wünschen, dass du mir die Tasche zur Schule trägst, auch wenn sie ganz schwer ist?

Kasper: Auf jeden Fall!

Grete: Und du könntest für mich mit dem Bello rausgehen, wenn es regnet und ich keine Lust habe?

Kasper: Ja, klar!

Grete: Und du leihst mir deine Kasperlemütze?

Kasper: *(hält die Mütze fest)* Nein, auf keinen Fall!

Grete: Du hast gesagt, ich darf mir wünschen, was ich will.

Kasper: Alles, aber nicht meine Mütze!

Grete: *(klatscht in die Hände)* Na gut. Ich weiß auch schon was Besseres! Wenn wir rodeln, lässt du mich vorne sitzen und ziehst den Schlitten allein wieder hoch?

Kasper: Ja, gut.

Grete: *(umarmt Kasper)* Das ist ein schönes Geschenk, vielen Dank, Kasper! Und jetzt gehen wir zur Eisdiele, ja?

Kasper hilft dem Osterhasen

Zu diesem Stück: »Kasper hilft dem Osterhasen« passt gut in die Osterzeit und ist eine schöne Vorbereitung für das gemeinsame Bemalen von Ostereiern. Der Osterhase ist krank und bittet Kasper, das Ostergeschäft zu übernehmen. Nun heißt es Arbeit für Kasper: Zunächst muss die Henne Henriette überredet werden, ihm ihre Eier zu überlassen, dann muss er die Eier auch noch bunt anmalen, und zum Schluss überredet Henriette ihn, ihr ein Ei wieder zurückzugeben. An Ostern gibt es dann eine besonders schöne Überraschung, denn aus dem Ei ist ein niedliches Küken geschlüpft.

Figuren (in der Reihenfolge ihres Auftritts): Kasper, Osterhase, Henne Henriette, Grete, Küken

Osterhase, Henne und Küken finden sich vielleicht in Ihrem Osterfundus, Küken z.B. gibt es für wenig Geld als Tischdekoration – kleine, gelbe Flauschbälle mit Schnabel und Beinchen. Osterhase und Henne können auch improvisiert werden als Handpuppen aus einem weißen und braunen Waschlappen.

Was wird sonst noch gebraucht: ein paar Eier, entweder echte, gekochte oder welche aus Holz sowie Filzstifte.

1. Szene *(Kasper, Osterhase)*

Kasper: Tri, tra, trullala, tri, tra, trullala. Hallo, Kinder! *(...) Seid ihr alle da? (....)* Ich mache heute einen Spaziergang, denn es ist herrliches Frühlingswetter. Die Blumen sind so schön, sie wachsen überall. Bald ist Ostern! Freut ihr euch auch schon auf Ostern? *(...) Warum freut ihr euch auf Ostern? (...)* Ihr freut euch bestimmt auch aufs Ostereiersuchen, oder?
Also das ist für mich immer das Tollste von allem. Ich bin auch supergut im Suchen, ich finde immer viel mehr Eier als der Seppel!
Wisst ihr, wo ich einmal ein Ei gefunden habe? Das ratet ihr nie im Leben! Unter meiner Kasperlemütze! Jawohl! Keine Ahnung, wie der Osterhase es da hingeschmuggelt hat. Ich habe ja den Verdacht, das hat gar nicht der Osterhase, sondern der Seppel gemacht. Und wisst ihr, was ich dann gemacht habe? In Seppels Hose habe ich es gesteckt! Er hat es gar nicht gemerkt, aber er hat es dann doch noch gefunden, als er sich gesetzt hat. Aber er sagt er wusste gleich, dass ich das war und nicht der Osterhase.
Der Osterhase, sagt der Seppel, der macht keinen Quatsch mit den Eiern. Er will ja, dass die Kinder

sich freuen. Ich habe ihm gesagt: Seppel. Ich will ja auch, dass du dich freust. Deshalb habe ich dir das Ei in die Hose gesteckt. Da findest du es auf jeden Fall. Aber er hat gesagt, ich wäre ein Blödmann. Ja, wirklich, das hat er zu mir gesagt. Und dann noch: Du, Kasper, du wärst ein saublöder Osterhase.
Ich ein saublöder Osterhase? Ich wäre ein superguter Osterhase. Und ich wäre wahnsinnig gern ein Osterhase. Der hat's doch gut. Eier bemalen und verstecken, das fände ich toll!

Osterhase: *(mit Taschentuch um den Hals gebunden, niest)* Hatschi-hallo, Kasper!

Kasper: Oh, hatschi-hallo, liebes Häslein! Sag mal, kenne ich dich?

Osterhase: Hatschi – nein!

Kasper: Aber woher kennst du dann meinen Namen?

Osterhase: Ich bin der Oster-hatschi. Ich kenne die Namen aller Kinder.

Kasper: Du bist der Osterhase? Wie cool! *(aufgeregt)* Wo sind denn die Eier? Hast du die schon alle versteckt? Darf ich schon suchen?

Osterhase: Hatschi-Halt! Die Eier sind doch noch gar nicht versteckt. Ostern ist doch erst *(Datum angeben)*. Es ist noch schrecklich viel zu tun. Hatschi!! Dabei bin ich krank. *(stöhnt)* Hatschi! Und kann vor lauter Hatschi! den Pinsel nicht mehr ruhig halten.

Kasper: Oh, du Armer. Ich helfe dir, ja?

Osterhase: Das willst du wirklich tun? Hatschi!

Kasper: Na klar. Sogar gerne!

Osterhase: Danke dir, Hatschi! Ist aber viel Arbeit!

Kasper: Also, was soll ich dir abnehmen?

Osterhase: Du kannst für mich zu Henne Hatschi! Henrie-atschi! gehen und die Eier abholen, die sie mir versprochen hatschi. Dann bemalst du sie schön hatschibunt, und am Ostermorgen versteckst du sie-tschi.

Kasper: Wird gemacht, du kannst dich auf mich verlassen!

Osterhase: *(geht ab)* Hatschi! Danke! Hatschi, Kasp-tschi.

2. Szene *(Kasper, Henne Henriette)*

Kasper: Hallo, Henriette.

Henriette: Tock, tock tock, hallo!

Kasper: Ich bin der Kasper, und ich möchte deine Eier abholen.

Henriette: Tock, tock tock. Das geht nicht. Die habe ich dem Osterhasen versprochen, tock, tock, tock.

Kasper: Ich weiß, der Osterhase schickt mich ja. Er ist krank, deshalb helfe ich ihm dieses Jahr mit den Eiern.

Henriette: Tock, tock tock, ach so, hier vorn im Nest liegen sie. Fünf wunderschöne Eier, frisch gelegt.

Kasper *(verschwindet hinter der Bühne)*
Hab' sie gefunden! Sag', kann ich die Eier in den kleinen Korb tun, der neben dem Nest steht?

Henriette: Tock, tock, tock.

Kasper: Heißt das ja?

Henriette: *(nickt)* Tock, tock, tock.

Kasper: Danke, Henriette, und frohe Ostern!

Henriette: Tock, tock, tock! Dir auch, Kasper, und grüße den Osterhasen von mir!

3. Szene *(Kasper, Henne Henriette)*

Kasper: *(tritt wieder mit dem Korb auf, nun sind die fünf Ostereier bunt bemalt).*
Na, das war eine Kleckserei! Wie schön bunt meine Ostereier geworden sind. Fast zu schade zum Ver-

stecken, was, Kinder? Die möchte ich am liebsten selbst behalten. Was meint ihr, soll ich die selbst behalten? *(...)* Nein? Ja, ihr habt ja Recht, versprochen ist versprochen. Der Osterhase verlässt sich auf mich.

(Aus dem Hintergrund ist abwechselnd »Tock,tock,tock« und Schluchzen zu hören.)

Kasper: Habt ihr das gehört, Kinder? Da weint jemand! Wer kann das sein? *(...)* Was meint ihr? Dieses Tock, tock, tock, das kenne ich doch? Klingt das nicht nach Henriette? Psssst! Seid mal ganz leise! Ich glaube, es hat aufgehört!

(Aus dem Hintergrund wieder lauteres Schluchzen und »tock, tock, tock«.)

Kasper: HENRIETTE! Bist du das?

Henriette: *(tritt auf)* Tock, tock, tock! Ja, ich bin das. Ich habe dich gesucht, Kasper.

Kasper: Aber warum bist du denn so traurig? Was ist passiert?

Henriette: Alle meine Eier habe ich dir gegeben, tock, tock, tock, und jetzt habe ich gar keines mehr zum Ausbrüten!

Kasper: Aber schau mal, Henriette, ich habe deine Eier schon bemalt, sie sind jetzt richtige Ostereier! Guck nur, wie wunderschön sie jetzt aussehen!

Henriette: Ja, sie sehen wunderschön aus. Aber, tock, tock, tock. Ich bin so traurig. Ich werde kein einziges Küken haben. Tock, tock, tock.

Kasper: Du sollst nicht traurig sein, Henriette. Ein Ei weniger, das fällt den Kindern gar nicht auf. Hier, weißt du was, nimm dieses Ei zurück und brüte es aus!

Henriette: Aber ich kann es nicht tragen, ich habe doch nur zwei Flügel.

Kasper: Kein Problem, dann trage ich dir das Ei wieder zurück ins Nest! Komm mit, dann kannst du gleich mit dem Brüten anfangen!

Henriette: *(begeistert)* Tock, tock, tock!

4. Szene *(Kasper, Grete mit Küken)*

Kasper: *(reibt sich die Hände)* So, fertig, alle Eier versteckt! Jetzt bin ich mal gespannt, wie sich die Kinder freuen!

Grete: *(hält in der Hand das kleine Küken)* Piep, piep, piep!

Kasper: Hallo Grete! Was gibst du denn auf einmal für komische Laute von dir?

Grete: Das bin doch nicht ich, du dummer Kasper, das ist das Küken! Schau mal, ist das nicht niedlich? Es ist mir zugelaufen.

Kasper: Das ist das Küken von Henriette! Hallo, Pieps!

Küken: Piep, piep, piep!

Kasper: Ja, so ist es recht, ganz die Mama! Und wenn du einmal groß bist, wird aus dem piep, piep, piep, ein tock, tock, tock, was? Und dann wirst du mit deiner Mama gemeinsam viele Eier legen für den Osterhasen, ja?

Küken: Piep, piep, piep.

Henriette: *(aus dem Hintergrund, fragend)* Tock, tock, tock? Tock, tock, tock?

Küken: Piep, piep, piep! Piep, piep, piep!

Grete: Hast du eine Ahnung, was die sich zurufen?

Kasper: Ja, klar. Die Mama ruft tock, das Küken piep.

Grete: Sehr schlau, Kasper. Aber was bedeutet das Tock und das Piep?

Kasper: Kommt drauf an. Ich denke, jetzt gerade hat Henriette gerufen:

....

Wo steckst du? Und das Küken hat geantwortet: Hier bin ich! Stimmt's, kleines Küken?

Küken: *(eifrig bestätigend)* Piep!

Kasper: Na, siehst du, der Kasper versteht dich, kleiner Piepmatz. Ich weiß, was mit dir los ist. Ostereier wollen sich finden lassen, und du willst das auch. Du warst schließlich schon fast ein Osterei. Du hast dich extra versteckt und willst dich von deiner Mama finden lassen, stimmt's?

Küken: Piep!

Grete: Dann sollten wir den kleinen Flauschball mal wieder zurück zu Henne Henriette bringen, bevor sie sich Sorgen macht.

Kasper: *(bestätigend)* Tock, tock, tock!

Grete: Hä?

Kasper: Das war Hennisch.

Grete: Aha. Schau mal, dort hinten, da ist Henriette!

Küken: *(erfreut rufend)* Piep, piep, piep!

Grete: Komm, Kasper, bringen wir Pieps zu seiner Mama!

Kasper überlistet das Krokodil

Für Kinder ab drei Jahren

Zu diesem Stück: Besonnenes, kluges Handeln hilft nicht nur dabei, die Gefahren des Straßenverkehrs zu meistern. Auf dem Weg zum Kindergarten trifft Kasper den Polizisten, der ihm erklärt, was es mit den Zebrastreifen auf sich hat. Dann trifft er auf das Krokodil, das hungrig ist und ebenfalls auf dem Weg zum Kindergarten. Als Kasper herausfindet, was es dort will, ersinnt er eine List, um die Gefahr abzuwenden.

Figuren (in der Reihenfolge ihres Auftritts): Kasper, Polizist, Krokodil

Was wird sonst noch gebraucht: Eine kleine »Tonne«, möglichst mit Deckel, in die das Krokodil hineinpasst, z.B. aus einem Pappkarton gebastelt, oder eine umfunktionierte Kaffeedose. Ein Zebrastreifen (selbst gemalt).

Tipps: Falls die Kinder noch sehr klein oder furchtsam sind, ist es ratsam, ihnen nach dem Stück das Krokodil noch einmal »an der Hand« vorzuführen, um ihnen die eventuelle Angst zu nehmen, dass es wirklich gefährlich sein könnte.

1. Szene *(Kasper, Polizist)*

Kasper: *(singt)* Tri, tra, trullala, tri, tra, trullala, der Kasper, der ist wieder da. Tri, tra, trullala, tri, tra, trullala, in den Kinder-tri- in den Kinder-tra-, in den Kinder-trullala, geht der Kasper tri, geht der Kasper tra, geht der Kasper trullala. In den Kindergarten, ich kann es kaum erwarten, lauf' ich jetzt im Nu, laufe immerzu, renne wie der Wind, sause ganz geschwind, in den Kindergarten, ich kann es kaum erwarten …

Polizist: *(brüllt)* HAALLT! Ja, um Himmels Willen, Kasper, bist du denn noch zu retten? Läufst du einfach mir nichts, dir nichts über die Straße, schaust nicht nach rechts und nach links!

Kasper: *(reibt sich die Ohren)* Ich singe gerade so schön, und du brüllst dazwischen! Da tun mir ja die Ohren weh, Herr Polizist. Geht das auch leiser?

Polizist: *(flüstert)* Natürlich geht das auch leiser.

Kasper: Na siehst du. Tri, tra, trullala, geht der Kasper tri-, geht der Kasper tra-, geht der Kasper trullala. In den

Kindergarten, ich kann es kaum erwarten, ich sause ganz geschwind, in den Kindergar ...

Polizist: *(brüllt)* HAAALLT!

Kasper: Jetzt brüllst du schon wieder so laut daher!

Polizist: Weil du einfach über die Straße rennst.

Kasper: Ich will ja auch schnell wohin.

Polizist: Aber wenn du nicht aufpasst, wirst du überfahren. Dann kommst du gar nicht da hin, wo du hinwillst.

Kasper: Überfahren?

Polizist: Von einem Auto.

Kasper: Ach so. Ich dachte von einem Krokodil.

Polizist: Willst du dich über mich lustig machen?

Kasper: Nein, schau doch, dort hinten! Da ist ein Krokodil.

Polizist: Das kannst du deiner Großmutter erzählen. Also, jetzt reicht es mir aber mit dir. Wenn du weiter so frech bist, werde ich dich gleich mal mitnehmen aufs Polizeirevier und in die Zelle sperren. *(beiseite)* Ach, sowas Blödes, in der Gefängniszelle sitzt ja schon der Räuber, da ist kein Platz mehr.
Aber vielleicht bist du ja gar nicht frech, sondern

weißt nur nicht, wie es geht. Also, ich werde dir jetzt mal sagen, wie man sich im Straßenverkehr richtig verhält.

Kasper: Aber ich fahre doch gar nicht im Auto. Noch nicht mal mit dem Fahrrad. Ich gehe doch nur zu Fuß.

Polizist: Gerade deshalb musst du besonders gut achtgeben, damit dir nichts passiert. Siehst du diese Streifen auf der Straße?

Kasper: Ja, ein Streifen schwarz, ein Streifen weiß, ein Streifen schwarz, ein Streifen weiß, ein Streifen schwarz, ein Streifen weiß, ein Strei...

Polizist: Ja, ja, und so weiter.

Kasper: Sieht lustig aus.

Polizist: Weißt du, wie man das nennt?

Kasper: Lustige Straße?

Polizist: *(schüttelt den Kopf)*

Kasper: Schwarzweißstreifen?

Polizist: Das nennt man Zebrastreifen. Kennst du Zebras?

Kasper: Na klar, vom Zoo. Pferde im Schlafanzug.

Polizist: Genau. Die sehen so ähnlich aus wie diese Streifen, oder?

Kasper: Na ja.

Polizist: Jedenfalls nennt man das Zebrastreifen.

Kasper: Schön, na und? Und wozu sind die da?

Polizist: Diese Streifen können was.

Kasper: Was können die denn? Lustig sein?

Polizist: Nein, die können die Autos anhalten.

Kasper: Echt? Warum heißen sie dann nicht Anhaltestreifen? Oder Zauberstreifen?

Polizist: *(stöhnt)* Von mir aus kannst du sie auch Zauberstreifen nennen. Willst du wissen, wie das klappt mit dem Anhalten von Autos?

Kasper: Ja, klar.

Polizist: Jeder Autofahrer weiß, dass er anhalten muss vor dem Zebrastreifen, wenn ein Fußgänger davorsteht.

Kasper: Aber warum soll denn einer davorstehen?

Polizist: Weil er auf die andere Straßenseite will.

Kasper: Ach so, ist ja cool. Also los, gleich mal ausprobieren. *(geht los)*

Polizist: *(aufgeregt)* HAAAAALLT! *(zerrt Kasper am Ärmel zurück)*

Kasper: Was ist denn jetzt schon wieder?

Polizist: Da! Das Auto. Jetzt wärst du beinahe überfahren worden.

Kasper: Aber der Autofahrer hätte doch anhalten müssen. Ich stehe vor dem Zebrastreifen und will rüber auf die andere Seite.

Polizist: Aber du musst zuerst auch schauen, ob der Autofahrer dich auch sieht. Wenn du einfach losrennst, ist es für den Autofahrer doch viel zu spät zum Bremsen. Also: Zuerst stellst du dich vor den Zebrastreifen, so. Dann schaust du erst links und dann rechts, ob die Autos auch anhalten. Und erst, wenn sie anhalten, dann gehst du rüber, verstanden?

Kasper: Ich bin ja nicht dumm, oder? Also, links, rechts schauen, nochmal links, da halten sie, jetzt kann ich rüber.

Polizist: Wo willst du eigentlich hin?

Kasper: In den Kindergarten, dahin, wo die Kinder wachsen.

Polizist: Da will ich auch hin. Ich will den Kindern die Sache mit dem Zebrastreifen erklären.

(Stimme aus dem Hintergrund:
Meine Handtasche! Hilfe, haltet den Dieb! Hilfe!)

Polizist: Oh, darum muss ich mich kümmern! *(Polizist ab, macht dabei Polizeisirenen-Geräusche)* Tatü-tata, tatü-tata ...

2. Szene *(Krokodil, Kasper,)*

Krokodil: *(tritt auf, öffnet das Maul)* Uaaa, uaaa!

Kasper: Potzpardautz, ein giftgrüner Tatzelwurm!

Krokodil: Uaaa!

Kasper: Na sag einmal, du hast aber blitzeblanke Zähne!

Krokodil: Uaaa! Die brauche ich auch!

Kasper: *(weicht etwas zurück)* Warum denn?

Krokodil: Weil ich Hunger hab, darum, uaaa!

Kasper: HAAALT! Bleib sofort stehen, hörst du!

Krokodil: Uaaa! Von dir lasse ich mir gar nichts sagen!

Kasper: Bitte, wie du willst. Dann lauf' doch über die Straße, ohne nach links und rechts zu schauen, aber schimpf' hinterher nicht mit mir, wenn du plattgefahren wirst!

Krokodil: Platt?

Kasper: Weißt du nicht, dass man nach links und rechts schauen muss, wenn man über die Straße will?

Krokodil: Wozu soll das gut sein?

Kasper: Na, wegen der Autos natürlich. Damit sie dich nicht überfahren. Du bist kein Krokodil, du bist ein richtiges Krokodumm!

Krokodil: He, werd' nicht unverschämt, hörst du? Sonst fresse ich dich, du frecher Kerl! Uaaa! Du würdest mir schon schmecken, weißt du?

Kasper: Fang mich doch, fang mich doch! Wetten, das schaffst du nicht?

Krokodil: *(leise)* Der ist mir zu schnell. *(laut zu Kasper)* Keine Lust. Ein frecher Kerl wie du, der ist mir viel zu zäh. An dir beiße ich mir meine schönen Zähne aus. Außerdem habe ich was viel Besseres vor.

Kasper: So? Was denn?

Krokodil: Jetzt bist du neugierig, was? Aber das sag' ich dir nicht.

Kasper: Aber da vorn ist doch nur der Kindergarten … warte mal, willst du etwa … du willst doch nicht etwa KINDER fressen?

Krokodil: Nein, natürlich nicht! Was denkst du denn von mir! Kinder sind doch nicht lecker! Ich mag nur Fisch! *(zur Seite, listig)* Und ob ich das will! Kinder sind zart und lecker, uaaaa! Aber das sage ich dem da doch nicht, ich bin ja nicht dumm!

Kasper: *(leise, zum Publikum)* Kinder, was glaubt ihr, will das Krokodil etwa in den Kindergarten gehen, um Kinder zu fressen? *(…)* Ihr glaubt das also auch, oder? Wie kann ich es bloß aufhalten? Ah, ich habe schon eine Idee … das müsste klappen. *(laut zum Krokodil)*:
Fisch magst du, sagst du? Na, so ein Zufall, das ist zufälligerweise auch mein Leib- und Magengericht.
Ich habe gerade heute Morgen Fischstäbchen zum Frühstück gegessen. *(reibt sich den Bauch)* So lecker, knusprig gebraten, ich konnte gar nicht mehr aufhören zu essen. Ein paar habe ich mir aber für später aufgehoben. Für das Mittagessen. Da hinten steht eine große Tonne, da habe ich sie versteckt.

Krokodil: Soo? *(leise)* Das ist ja sehr interessant.

Kasper: Ja, da sind die Fischstäbchen sicher versteckt, meinst du nicht auch, Kroko? Du darfst es aber niemandem verraten, hörst du? Also, war schön, dich zu treffen, aber ich muss jetzt schnell weiter. Tschüs, mach's gut! *(Kasper ab)*

Krokodil: Ja, geh nur, du dummer Kasper! Das gefällt mir!

(Das Krokodil schaut Kasper nach, wartet, bis er außer Sicht ist, dann geht es zur anderen Seite ab. Im Hintergrund das Krokodil in die »Tonne« stecken)

Krokodil: *(aus dem Hintergrund)* Hihi, hier ist ja die Tonne. Die scheint ja ganz leer zu sein. Da muss ich mal den Kopf tiefer reinstecken. Uaaa! Ich falle! Hilfe!

Kasper: *(ebenfalls aus dem Hintergrund)* Hab' ich dich. Deckel drauf. Da bleibst du jetzt, bis der Polizist dich wieder zurück in den Zoo bringt, hörst du?

Krokodil: *(dumpf aus der Tonne)* Hier sind ja gar keine Fischstäbchen!

Kasper: (tritt mit der Tonne wieder auf und zieht sie quer über die Bühne) Du dummes Krokodumm! Das war nur eine List, um dich zu fangen! So, hier hinten stelle ich dich hin, da kannst du warten, bis der Polizist kommt und dich wieder in den Zoo sperrt. *(zieht den Mülleimer hinter die Bühne, taucht allein wieder auf, singt fröhlich, während er zur anderen Seite wieder abgeht)*

In den Kinder tri- in den Kinder tra-, in den Kinder trullala, geht der Kasper tri-, geht der Kasper tra-, geht der Kasper trullala. In den Kindergarten, ich kann es kaum erwarten, lauf ich jetzt im Nu, laufe immerzu, renne wie der Wind, sause ganz geschwind, in den Kindergarten, ich kann es kaum erwarten ...

Kasper im Kindergarten

Ein Mitmachstück

Zu diesem Stück: »Kasper im Kindergarten« kann gut im Anschluss an »Kasper überlistet das Krokodil« gespielt werden, aber es eignet sich auch als einzelne Aufführung. In diesem Stück spielen die Zuschauer die Kindergartenkinder, welche Kasper im Kindergarten besucht. Er hat auch eine Gießkanne mitgebracht, um die Kinder zu gießen, die in diesem »Garten« wachsen. Doch Grete, hier als Kindergärtnerin, sagt ihm, dass Kinder nicht mit Wasser begossen werde müssen, um ordentlich zu wachsen. Kasper will wissen, was Kinder denn stattdessen brauchen, und Grete fordert die Kinder auf, es Kasper zu zeigen: Laufen, Hüpfen, Tanzen, Singen und Spielen! Und Essen und Trinken, klar, deshalb ist dieses Stück auch gut geeignet als Überleitung zum Essen, z. B. bei einer Kindergeburtstagsparty.

Figuren (in der Reihenfolge ihres Auftritts): Kasper, Grete

Was wird sonst noch gebraucht: Eine kleine Gießkanne oder ein Wäschesprenger, mit dem Kasper die Kinder etwas nassspritzen kann. Natürlich kann auch nur so getan werden als ob, aber wenn die Kinder tatsächlich *(ein wenig)* nassgespritzt werden, werden sie noch mehr Spaß an diesem Stück haben.

Kasper: *(kommt mit Gießkanne auf die Bühne, singt)* In den Kinder tri-, in den Kinder tra-, in den Kinder trullala, geht der Kasper tri-, geht der Kasper tra-, geht der Kasper trullala. In den Kindergarten, ich kann es kaum erwarten, lauf' ich jetzt im Nu, laufe immerzu, renne wie der Wind, sause ganz geschwind, in den Kindergarten, ich kann es kaum erwarten ... Oh, da bin ich ja schon angekommen. Hallo, Kinder!

Kinder: *(...)*

Kasper: Das ist das erste Mal für mich, dass ich einen Kindergarten sehe. Schön habt ihr es hier! Ich habe euch auch etwas mitgebracht, seht mal! *(nimmt die Gießkanne hoch)*

Grete: *(tritt auf)* Aber Kasper, was machst du denn da?

Kasper: Ich gieße die Kinder. *(spritzt die Kinder mit etwas Wasser nass)*

Grete: Kasper, lass das! Sie werden ja ganz nass!

Kasper: Aber das ist doch hier ein Kindergarten, oder?

Grete: Ja, und? Darum musst du die Kinder doch nicht nass machen.

Kasper: Willst du sie etwa vertrocknen lassen? Die müssen doch regelmäßig gegossen werden, genau wie Blumen im Garten.

Grete: Nein, müssen sie nicht. Die brauchen kein Wasser. Jedenfalls nicht so.

Kasper: Gell, Kinder, ihr wollt doch tüchtig wachsen, oder? *(spritzt die Kinder wieder nass)* Es hat schließlich lange nicht mehr geregnet, da trocknet ihr sonst aus und werdet ganz mickrig.

Grete: Ich glaube, du verwechselst hier was. Das sind doch keine Blumen, die man gießen muss.

Kasper: Aber das hier ist doch ein Kindergarten, oder etwa nicht? *(spritzt wieder mit Wasser)*

Grete: Ja, und?

Kasper: Im Gemüsegarten wächst Gemüse, im Blumengarten

wachsen Blumen, und im Kindergarten wachsen Kinder, oder? Gemüse und Blumen, die müssen immer genug Wasser bekommen. Sonst werden die Blätter schlapp und können nicht weiter wachsen. Da brauchen die Kinder doch auch Wasser, oder? Schau doch nur, wie die ihre Arme hängen lassen, die brauchen unbedingt Wasser! *(spritzt wieder mit Wasser)*

Grete: Aber nicht so, Kasper! Die haben doch einen Mund, mit dem sie trinken können. Wenn du die Kinder mit Wasser begießt, werden sie nur nass!

Kasper: *(spritzt weiter mit Wasser)* Juhu, Kinder zu gießen macht Spaß! Die Blumen von der Oma sind immer so langweilig, die sind mucksmäuschenstill, wenn ich sie gieße. Aber schau doch nur, welche lustigen Geräusche die Kinder machen! *(spritzt wieder mit Wasser)*

Grete: Willst du wohl aufhören, Kasper! *(nimmt ihm die Gießkanne ab)*

Kasper: Gib meine Gießkanne wieder her! Wie sollen die Kinder denn sonst groß und stark werden?

Grete: Na, Kasper, das ist doch wirklich nicht schwer zu erkennen, sie hüpfen, tanzen, singen, malen, bauen und rennen, sie spielen mit Dinos, Puppen, Rittern, Knete, Lego und Bällen.

Kasper: Wie?

Grete: Kinder, sagt dem Kasper, was ihr im Kindergarten macht, ja? Oder noch besser, zeigt es ihm einfach! Zeigt ihm doch einmal, wie ihr hüpfen könnte, ja?

(Anregungen, falls die Kinder nicht von sich aus auf Ideen kommen: »Ich sehe was, das du nicht siehst« spielen, »Bello, Bello, mein Knochen ist weg« oder »Mein rechter, rechter Platz ist frei« spielen, gemeinsam einen Lego-Turm bauen, ein Tier aus Knete formen, tanzen, ein Bild malen, auf einem Bein hüpfen, sich ein Wollknäuel oder einen weichen Ball zuwerfen, gemeinsam ein Lied singen … Alternativ als Überleitung zum Essen könnte Grete sagen:)

Grete: Aber natürlich brauchen die Kinder auch Essen und Trinken, um zu wachsen. Das gibt es auch bei uns. Hast du Lust, mit uns zu essen, Kasper?

Kasper: Und ob ich Lust habe! Was gibt's denn?

Grete: *(zum Beispiel)* Fischstäbchen!

Kasper: *(reibt sich den Bauch)* Mein Lieblingsessen!

Das Schlossgespenst

Für Kinder ab drei Jahren

Ein Mitmachstück

Zu diesem Stück: Dies ist ein Stück für kleine Helden. Ein Gespenst spukt in Schloss Siebenstein. König Schlotterbacke fürchtet sich und bittet Kasper in seiner Not um Hilfe. Kasper legt sich auf die Lauer. Das Licht wird ausgemacht, es geht auf Mitternacht zu, doch dann gibt es eine Überraschung, als das vermeintliche Gespenst auftaucht: Kasper erkennt, dass es der Räuber ist, der den König als Gespenst verkleidet aus seinem Schloss gruseln wollte. Kasper bittet nun die Kinder um ihre Mithilfe. Zur nächsten Geisterstunde taucht das Gespenst wieder auf, doch dann wird es von lauter viel größeren Gespenstern in die Flucht geschlagen.

Figuren (in der Reihenfolge ihres Auftritts): Kasper, Polizist, König, Gespenst/Räuber

Was wird sonst noch gebraucht: eine Postkarte *(oder ein Zettel)*; ein kleines weißes Tuch *(z. B. Stoffserviette)* als Gespensterverkleidung für den Räuber, größere Tücher (z. B. eine kleine Decke oder ein Bettlaken als Gespenstüberwurf für jedes Kind im Publikum; ein paar »Goldmünzen« als Belohnung für Kasper *(z. B. Schokoladengeld)*, ersatzweise ein paar Euromünzen.

1. Szene *(Kasper, Polizist)*

Kasper: Tri, tra, trullala, tri, tra, trullala, der Kasper, der ist wieder da. Hallo, Kinder! *(...)*

Polizist: *(mit Postkarte in der Hand)* Hallo, Kasper. Ich habe etwas für dich.

Kasper: Oh, eine Postkarte. Wer mir wohl schreibt? Gleich mal schauen.

Polizist: Die ist vom König.

Kasper: Schäm dich, du hast meine Post gelesen!

Polizist: Nein, habe ich nicht. König Schlotterbacke hat mir die Karte persönlich gegeben und mir gesagt, ich soll sie dir gleich bringen. Es ist ganz dringend.

Kasper: *(liest mit Mühe langsam vor)* Lie-ber Kas-per, bitte

komm so schnell wie möglich - zum Schloss. Es geht - um Leben und Tod. König Schlotterbacke. *(zum Polizisten)* Weißt du, worum es geht?

Polizist: Es spukt im Schloss.

Kasper: Wie cool!

Polizist: Das findet der König gar nicht. Er hat schreckliche Angst vor dem Gespenst und weiß nicht mehr ein noch aus. Er will bestimmt, dass du ihm hilfst.

Kasper: König Schlotterbacke schlottern die Beine, hihi. Aber warum hilfst du ihm nicht? Du bist doch der Polizist von uns beiden, oder? Ich bin nur der Kasper.

Polizist: Oh nein. Ich nehme es mit Räubern auf, aber mit Gespenstern will ich nichts zu tun haben. Wenn ich nur an Gespenster denke, bekomme ich schon eine Gänsehaut.

Kasper: Hihi, du hast Angst vor Gespenstern! Komm mal her, ich verrate dir etwas *(flüstert dem Polizisten ins Ohr)*: Gespenster gibt es gar nicht!

Polizist: Das glaubst du, Kasper! *(geht ab)*

Kasper: *(zu den Kindern)* Was glaubt ihr, Kinder, gibt es Gespenster? *(...)* Das wollen wir ja mal sehen. *(geht ab)*

2. Szene *(König, Kasper)*

König: *(hält ein Bündel Goldmünzen)* Oh, Kasper, wie gut, dass du gekommen bist! In meinem Schloss hat sich ein Gespenst eingenistet. Sieh hier, wenn du es schaffst, dass der Spuk aufhört, sollen diese Goldmünzen dir gehören!

Kasper: Wann spukt denn das Gespenst?

König: Immer zur Geisterstunde, um Mitternacht, Punkt zwölf Uhr. Dann hört man es heulen, und dann geistert es durch die Gänge.

Kasper: Und was machst du dann?

König: Ich halte mir die Ohren zu und verkrieche mich unter meiner Bettdecke.

Kasper: Gut, König Schlotterbacke, am besten, du gehst wieder ins Bett. Überlasse alles mir, ich lege mich auf die Lauer.

König: Danke, Kasper! *(König ab)*

Kasper: Heute Abend komme ich wieder. *(Kasper ab)*

3. Szene *(Gespenst/Räuber, Kasper)*

(Wenn möglich, wird es dunkler, z.B., indem man hinter der Bühne eine Lampe platziert, die vom Spieler nun ausgeknipst wird. Es ertönen zwölf Schläge, die der Spieler durch »Dong, dong …« improvisiert. Währenddessen streift er die Figur des Königs von der Hand und schlüpft in die Figur des Räubers. Über dessen Kopf wurde zuvor ein weißes Tuch mit Sicherheitsnadeln festgesteckt. Eine Hand des Räubers sollte allerdings unter dem Tuch herausschauen.)

Gespenst: Huiiiibuuu! Huiiiibuhh! *(schwebt bedrohlich auf Kasper zu)*

Kasper: Ahhhhhh! Ein Gespenst, schnell weg! *(flieht. Gespenst ebenfalls ab)*

4. Szene *(Kasper, Gespenst/Räuber)*
(Es wird wieder hell)

Kasper: Kinder, wollt ihr mir helfen, das Gespenst zu vertreiben? *(…)* Ihr braucht keine Angst zu haben, ich habe nämlich etwas gesehen. Ihr auch? *(…)* Habt ihr auch gesehen, dass das Gespenst eine Hand hatte? *(…)* Ich weiß auch, dass die dem Räuber gehört. Der Räuber hat sich als Gespenst verkleidet, um den König aus seinem Schloss zu vertreiben. Ganz schön durchtrieben.

Wahrscheinlich will er selbst im Schloss wohnen. Wisst ihr, was wir machen? Wir verstecken uns, und

wenn ihr mir helft, jagen wir dem Räuber einen solchen Schrecken ein, dass er ein für alle mal genug hat vom Spuken. Wollt ihr wissen, wie? *(...)*
Ihr verkleidet euch als Gespenster! Dann wird er richtig Angst bekommen vor euch Riesen. Hier sind eure Verkleidungen, die habe ich mitgebracht! *(verteilt die Decken/Laken)*
Wenn ihr fertig seid, legen wir uns auf die Lauer und warten bis Mitternacht. Dann erschrecken wir den Räuber. Aber nun: Psssst!

(Es wird wieder dunkel. Die Uhr schlägt zwölf Mal)

Gespenst/Räuber: Huiiibuhhhh!

Kinder und Kasper: HUIIIBUHHH!

Räuber: Hilfe! Gespenster! Hilfe, hilfe!!! *(flieht)*

Kasper: Das habt ihr toll gemacht, Kinder! Der Räuber wird sich das nie wieder trauen, hier zu spuken. Ich hole den König. *(geht ab, aus dem Hintergrund, während des Figurenwechsels)* König Schlotterbacke! Du kannst kommen, das Gespenst ist weg!

König: *(trägt einen Goldtalerbeutel)* Das Gespenst ist verschwunden? Wirklich? Oh, ich danke dir, Kasper! Hier, nimm dieses Gold als Dank!

Kasper: Das war ich nicht allein, die Kinder haben mir geholfen. Kommt, jetzt teilen wir uns die Belohnung, ja?

Drei Wünsche für Seppel

Für Kinder ab zwei Jahren

Zu diesem Stück: Hier geht es ums Streiten und sich wieder Vertragen. Kasper und Seppel streiten sich, weil Kasper Seppel das letzte Gummibärchen weggegessen hat. »Du bist nicht mehr mein Freund!«, schreit Seppel Kasper nach. Seppel geht in den Zauberwald, schimpft eine Weile vor sich hin, dann wird er müde und schläft ein. Da erscheint ihm eine gute Fee und gestattet ihm drei Wünsche. Seppel wünscht sich einen neuen besten Freund und eine große Schüssel Gummibärchen. Er bekommt eine große Schüssel Gummibärchen und das Krokodil als Freund. Leider stellt sich heraus, dass das Krokodil äußerst gefräßig ist und sich sofort über die Gummibärchen hermacht. Da wünscht Seppel sich das Krokodil wieder weg. Seppel ist enttäuscht, dass nun all seine Wünsche verschwendet sind, und schläft ein. Da weckt ihn Kasper: Er hat zur Versöhnung eine Tüte Gummibärchen mitgebracht.

Figuren (in der Reihenfolge ihres Auftretens): Kasper, Seppel, Fee *(Figur der Prinzessin)*, Krokodil

Was wird sonst noch gebraucht: Schüssel, rote Gummibärchen, eine kleine Tüte Gummibärchen.

Tipp: Wenn Kasper Gummibärchen nimmt und isst, sollte er nur so tun als ob, denn es ist schwierig, eine Puppe etwas aufnehmen und zum Mund führen zu lassen, außerdem kann Kasper natürlich nicht essen, und er müsste das Gummibärchen jeweils unauffällig hinter die Bühne werfen.

1. Szene *(Kasper, Seppel)*

Kasper: Tri, tra, trullala, tri, tra, trullala, der Kasper, der ist wieder da. Hallo, Kinder! *(...)*

Seppel: *(tritt auf, hält eine Schüssel in der Hand)* Das ist langweilig.

Kasper: *(nimmt ein Gummibärchen)* Was ist langweilig?

Seppel: Du bist langweilig.

Kasper: *(Nimmt wieder ein Gummibärchen.)* Nein, ich bin nicht langweilig. Ich bin immer lustig und singe lustige Lieder. Tri, tra, trullala, tri, tra, trullala ...

Seppel: Das meine ich ja. Du singst immer dasselbe. Tri, tra, trullala, tri, tra, trullala. Das ist aber tri, tra, trullalangweilig.

Kasper: Aber so geht das Kasperlied.

Seppel: Ja, aber kannst du nicht mal was anderes singen?

Kasper: Was denn?

Seppel: Wie wäre es hiermit:
Trö, trä, tröllölö, trö, trä, tröllölö ...

Kasper: Tröllölö? Das findest du lustig?

Seppel: *(während Kasper weiter Gummibärchen nimmt, von Seppel umbemerkt)* Ja, sehr. Oder wie findest du:Trick, track, truckuckuck, trick, track, truckuckuck. Oder nein, warte, jetzt hab' ich's. Kinder, wie findet ihr: Trä, tri, trakakak, trä, tri, trakakak? Oder Schlumpf, schlampf, schlamamampf, di, da, dideldö, Fla, fli, flohoho *(...)*

Kasper: Also, das kannst du ja meinetwegen singen, aber mir ist das zu blöd. Ich bin der Kasper und bleibe bei Tri, tra, trullala, tri, tra, trullala.

Seppel: Ich habe ja gar keine Gummibärchen mehr.

Kasper: Stimmt. Du warst so beschäftigt mit Schlumpf, Schlampf, Schlamamamampf, da hast du gar nicht gemerkt, dass ich sie alle gegessen habe.

Seppel: Wie kannst du mir alle Gummibärchen aufessen? Die waren für uns beide, zum Teilen!

Kasper: Aber wir haben sie uns doch geteilt. Du einen Teil und ich einen Teil.

Seppel: Ich hatte nur ein einziges Gummibärchen.

Kasper: Dann hattest du eben einen kleinen Teil, ich hatte einen großen Teil. Aber wir haben geteilt.

Seppel: Das ist aber ungerecht!

Kasper: Heul doch!

Seppel: *(heult auf)* Du bist gemein!

Kasper: *(setzt Seppel die leere Schüssel auf den Kopf.)* Und du bist ein Seppel mit Hut! Hihi, der Hut, der steht dir gut!

Seppel: *(streift die Schüssel ab)* Geh weg, du bist nicht mehr mein Freund!

Kasper: Mir doch egal. *(geht ab)* Tri, tra, trullala, tri, tra, trullala...

2. Szene *(Seppel, Fee)*

Seppel: Der Kasper ist so gemein! Der ist nicht mehr mein Freund. Das war nicht das erste Mal. Gestern hat er es auch schon gemacht, und wisst ihr, was er hinterher gesagt hat? *(...)* Er hat gesagt, dass er nicht gut zählen kann. Das ist die dümmste Ausrede, die ich je gehört habe.

Zum Teilen muss man doch nicht zählen können, oder? Das weiß doch jedes Kind. Da heißt es doch, einfach immer abwechselnd verteilen. Aber der Kasper, der hat

einfach schnell gegrabscht und gegrabscht und hat sich alle Gummibärchen auf einmal in den Mund gestopft. Für mich war nur ein einziges Gummibärchen übrig, und noch nicht mal in meiner Lieblingsfarbe, denn die ist rot. *(gähnt)* Oh, ich merke, wie ich müde werde. Immer wenn ich mich über den Kasper ärgere, werde ich müde. Ich lege mich ein bisschen aufs Ohr. *(gähnt) Gute Nacht, Kinder. (beginnt zu schnarchen)*

Fee: *(singt leise)* Fee, fiii, fallala, fee, fiii, fallala, drei Wünsche hast du, trallala.

Seppel: *(erwachend)* Bist du das, was ich glaube?

Fee: Was glaubst du denn, wer ich bin?

Seppel: *(leise zu den Kindern)* Kinder, was glaubt ihr, wer ist das? *(...)* Eine Fee, sagt ihr? *(zur Fee)* Bist du eine - Fee?

Fee: Richtig.

Seppel: Eine gute Fee?

Fee: Richtig. Ich bin eine Wunschfee.

Seppel: *(erfreut)* Das heißt, ich kann mir etwas wünschen von dir?

Fee: Stimmt. Du hast drei Wünsche frei. Aber überlege gut, ein Wunsch ist schnell vertan!

Seppel: Juhu! Da brauche ich gar nicht lange zu überlegen. Das weiß ich schon. Ich wünsche mir eine große Schüssel Gummibärchen. Halt! Noch nicht! Kann ich mir wünschen, dass die alle in Rot sind, oder ist das schon der nächste Wunsch?

Fee: Das geht klar. Eine große Schüssel rote Gummibärchen. Dein Wunsch Nummer eins. Also:
Willst du diesen Wunsch erfüllt haben?

Seppel: Ja, bitte, liebe Fee!

Fee: Dein Wunsch sei erfüllt, Seppel. *(Verschwindet hinter der Bühne, kommt mit einer Schüssel roter Gummibärchen wieder, übergibt sie Seppel.)*

Seppel: Oh, toll! Jetzt geschwind der nächste Wunsch:
Ich wünsche mir einen besten Freund.

Fee: Oh, du Armer. Hast du keinen besten Freund?

Seppel: Doch, ich hatte einen. Aber den mag ich nicht mehr. Jetzt will ich einen neuen.

Fee: Was für einen denn? Groß, klein, dick, dünn ...

Seppel: Mensch oder Tier, das ist mir total egal, Hauptsache, ich habe einen Ersatz für den Kasper. Der ist nämlich nicht mehr mein Freund.

Fee: Gut. Dein Wunsch sei dir erfüllt.

Seppel: Und wo ist mein Freund?

Fee: Der ist schon unterwegs. Er ist etwas langsam, weißt du. Er hat ziemlich krumme Beine.

Kasper: Das macht nichts.

Fee: Hast du noch einen Wunsch?

Seppel: Den letzten Wunsch will ich mir aufheben für später, wenn mir noch etwas einfällt, geht das?

Fee: Das ist sogar sehr klug von dir. Rufe einfach: »Liebe Fee, ich wünsche mir!« und dann sagst du deinen Wunsch. Ich höre ihn, wo immer du auch bist, und erfülle ihn. *(schaut sich um)*
Ich sehe ihn schon, da kommt dein neuer Freund. Lebe wohl. (Fee geht ab, hinter der Bühne wird die Fee ab- und das Krokodil übergestreift)

3. Szene *(Seppel, Krokodil)*

Seppel: Ich sehe noch niemanden, seht ihr meinen Freund schon, Kinder? Hoffentlich hat die Fee den Wunsch auch wirklich erfüllt. *(im Hintergrund taucht das Krokodil auf)* Ach, hoffentlich kommt er bald. *(schaut sich um, sieht das Krokodil hinter ihm aber nicht)*

Krokodil: Uaaaa!

Seppel: *(erschrocken)* Wer bist du denn?

Krokodil: Ich bin Kroko.

Seppel: Hallo. Ich bin Seppel. Bist du mein neuer Freund?

Krokodil: Ja. Ich habe solchen Hunger, ich könnte dich glatt fressen.

Seppel: Tust du aber nicht, oder? Du bist doch mein Freund.

Krokodil: Aber ich bin sehr hungrig. Ich bin immer sehr hungrig. Hörst du, wie mein Magen knurrt? Wenn du mein Freund bist, dann gib mir etwas zu essen!

Seppel: Ich habe aber nichts.

Krokodil: Was ist denn da in der Schüssel drin?

Seppel: Gummibärchen. Magst du bestimmt nicht.

Krokodil: Ich mag alles, was rot ist. *(stürzt sich mit der Schnauze in die Schüssel, »frisst« laut schmatzend)* Lecker!

Seppel: *(in höchster Not)* Liebe Fee, mach, dass das Krokodil wieder verschwindet! Ich wünsche mir, dass das Krokodil wieder verschwindet!

Krokodil: *(rülpst einmal sehr laut)* Oh je, ich muss jetzt gehen. Auf Wiedersehen, mein Freund! *(geht ab)*

Seppel: Auf Nimmerwiedersehen, du scheußlicher Vielfraß! Puh, das ist ja noch einmal gut gegangen. Aber – oh weh, wie konnte ich nur so dumm sein! Jetzt habe ich alle Wünsche aufgebraucht! Ich trotteligster Trottel auf der ganzen Welt, ich habe all meine Wünsche vertan, habe keinen Freund und keine Gummibärchen mehr! Oh weh, oh weh! *(weint, schläft ein)*

4. Szene *(Kasper, Seppel)*

Kasper: *(kommt mit einer kleinen Tüte Gummibärchen in der Hand)* Seppel, wach auf! Sieh mal, was ich dir mitgebracht habe ... eine Tüte Gummibärchen, und die sind alle ganz allein nur für dich. Bitteschön.

Seppel: Danke. Aber ich weine gar nicht mehr wegen dir. Sondern wegen dem Krokodil.

Kasper: Krokodil?

Seppel: Alle Gummibärchen hat es aufgefressen mit seinem großen Maul.

Kasper: Das hast du geträumt, oder?

Seppel: Nein, da war eine Wunschfee, und ... oh, meinst du wirklich?

Kasper: Bist du mir noch böse?

Seppel: Nein.

Kasper: Gibst du mir eins ab von den Gummibärchen?

Seppel: Okay, aber nur eins. Welche Farbe?

Kasper: Rot. Meine Lieblingsfarbe.

Seppel: *(langsam abgehend mit Kasper)* Das ist auch meine Lieblingsfarbe. (Hinter der Bühne Figurentausch: Kasper und Seppel abstreifen, Krokodil überstreifen)

Kasper: *(Stimme aus dem Hintergrund)* Dann eine andere Farbe, aber dafür gibst du mir zwei?

Seppel: *(Stimme aus dem Hintergrund)* Na gut.

Krokodil: *(Tritt aus der anderen Richtung auf, schnuppernd nach vorn zum Publikum, dann in die Richtung, in die Kasper und Seppel abgegangen sind und folgt ihnen)* Hier riecht es nach Gummibärchen ... nach roten Gummibärchen!

Große Socke und kleine Socke

Inhalt: Die Socken von Mama/Papa/Tante usw. und Kind erzählen sich, wo überall sie an diesem Tag waren, und so kann man sich vor dem Zubettgehen noch einmal gemeinsam an den vergangenen Tag erinnern.

Zu diesem Stück: Außer zwei Socken sind keine Requisiten nötig, idealer Zeitpunkt ist das Zubettgehen. Das Spiel lebt von der Interaktion, deshalb wird hier nur ein möglicher Einstieg aufgeführt, mit Ideen zum »Warmwerden«. Wenn Ihr Kind Spaß an dieser Form der spielerischen Unterhaltung hat, wird sich das Sockengespräch bald wie von selbst ergeben.

Spieler: ein Erwachsener, ein Kind

Was wird sonst noch gebraucht: Zwei gewöhnliche, nicht zu kleine Socken, die bequem über eine Erwachsenenhand und eine Kinderhand passen. Wer möchte, kann extra Spielsocken basteln und den Socken mit Textilfarbstiften Augen, Mund und Nase aufmalen oder Haare aufnähen etc.

(Der Erwachsene streift zunächst eine Socke über seine eigene und die andere über die Hand des Kindes, zwischen Daumen und übrigen Fingern entsteht der Mund. Dann geht es los, z. B.:)

Erwachsenensocke: *(gähnt herzhaft)* Hallo, Socke von *(Namen des Kindes einfügen)! Wie geht es dir? (...)* Ich bin so müde! Ich bin heute viel herumgelaufen. Wie war es denn bei dir? Bist du auch so müde?

Kindersocke: Nö, bin gar nicht müde.

Erwachsenensocke: Überhaupt nicht müde? Bist du denn nicht viel herumgelaufen heute?

Kindersocke: Doch.

Erwachsenensocke: Wo bist du denn hingelaufen?

Kindersocke: Zum Kindergarten.

Erwachsenensocke: Ja, ich weiß noch, da bin ich noch mitgekommen. Aber dann bin ich den ganzen Weg in die Stadt gelaufen, weil ich den Bus verpasst habe. Und du? Bist du nur gelaufen, oder auch gerannt? Oder sogar gehüpft?

Kindersocke: Ich habe Fußball gespielt. Und dann bin ich ganz nass geworden.

Erwachsenensocke: Oh, du arme Socke! Soll ich dich trockenkitzeln? *(kitzelt)*

Kindersocke: Nein, lass das!

Erwachsenensocke: Oh, entschuldige, ich meinte natürlich trockenpusten *(holt tief Luft, pustet).*

Kindersocke: Ich bin doch gar nicht mehr nass!

Erwachsenensocke: *(fühlt an Kindsocke)* Stimmt, schade! *(gähnt)* Ich bin so müde!

Kindersocke: Ich bin gar nicht müde.

Erwachsenensocke: *(legt sich aufs Bett)* Hatschipüüü, hatschipüüü … ch … ch...

Kindersocke: Wach auf!

Erwachsenensocke: *(schreckt hoch)* Was, ist schon wieder Zeit zum Aufstehen? Ach, wie schön, ein neuer Tag beginnt. Sollen wir den Tag mit einem Lied begrüßen? *(singt)* Guten Morgen, liebe Sonne … *(schaut zum Fenster)* Du, sag mal, die Sonne ist ja gar nicht da, es ist ja ganz dunkel? Es ist immer noch Abend! Da singen wir lieber ein Abendlied, ja? Weißt du eines?

Kindersocke: La, le, lu?

Erwachsenensocke: Das ist gut! Also los, singen wir:

La, le, lu, nur der Mann im Mond schaut zu, wie die kleinen Socken schlafen, drum schlaf auch du ….usw.

Für Kinder ab drei Jahren

Sockengeplapper

Inhalt: Die Socken von Erwachsenen und Kind erzählen gemeinsam und abwechselnd, Wort für Wort, einen kleinen Text. Dies kann ein einfaches Kinderlied sein oder ein Abzählreim, ein kleines Gedicht oder, für die Jüngsten, auch ein ganz einfacher, kurzer Satz wie »Ben mag Eis«. Für ältere Kinder eignen sich auch Zungenbrecher wie »Zehn zahme Ziegen zogen Zucker zum Zoo«, »Fischers Fritz fischt frische Fische, frische Fische fischt Fischers Fritz« oder »Brautkleid bleibt Brautkleid und Blaukraut bleibt Blaukraut«.

Zu diesem Stück: Hier wird das sprachliche Ausdrucksvermögen trainiert. Es braucht keine Requisiten außer zwei Socken und kann z. B. auch auf Reisen gespielt werden. Wenn Ihr Kind Spaß an dieser Form der spielerischen Unterhaltung hat, wird es bald von sich aus neue Impulse geben.

Spieler: ein Erwachsener, ein Kind

Was wird sonst noch gebraucht: Zwei gewöhnliche, nicht zu kleine Socken, die bequem über eine Erwachsenenhand und eine Kinderhand passen.

(Der Erwachsene streift zunächst eine Socke über seine eigene und die andere über die Hand des Kindes (zwischen Daumen und übrigen Fingern entsteht der Mund.) Dann geht es los, z. B.:

Erwachsenensocke:	Kleine Socke, hast du Lust auf ein Spiel? Dann sag mir alles nach! Aber du musst es genau so sagen wie ich, ja? Ben.
Kindsocke:	Ben.
Erwachsenensocke:	**(flüsternd)** Ben.
Kindsocke:	**(flüsternd)** Ben
Erwachsenensocke:	**(flüsternd)** Ben mag
Kindsocke:	**(flüsternd)** Ben mag
Erwachsenensocke:	**(flüsternd)** Ben mag Eis.
Kindsocke:	**(flüsternd)** Ben mag Eis.
Erwachsenensocke:	**(laut)** Ben mag Eis.
Kindsocke:	**(laut)** Ben mag Eis.
Erwachsenensocke:	*(singend im Tonfall von »Alle meine Entchen«)* Be-he-hen mag E-is. *(u. s. w., der Satz kann z. B. wütend, schreiend, mit hoher Piepsstimme vorgetragen werden, oder man nimmt die Konsonanten weg »En ag Eis« oder verändert z. B. die Vokale »Bön mög Öis«.)*

Für Kinder ab drei Jahren

Sockenhochzeit

Zu diesem Stück: Schwarze Socke und weiße Socke wollen heiraten. Doch dann taucht der Pfarrer nicht auf, und die Socken kommen auf eine Idee: Ein Kind aus dem Publikum spielt den Pfarrer, und das restliche Publikum ersetzt die Orgel und summt das Hochzeitslied …
Der nachstehende Text ist als Einleitung zum beliebten Rollenspielklassiker »Hochzeit« gedacht, bei dem die Kinder mitmachen dürfen. Zunächst nur als Pfarrer und Gäste, danach wird es den Kindern vermutlich Freude machen, selbst Brautpaar zu spielen.

Was wird sonst noch gebraucht: Eine schwarze und eine weiße Socke sind im Prinzip alles, was gebraucht wird. Andererseits: Ähnlich wie bei einer richtigen Hochzeit sind der Kreativität keine Grenzen gesetzt. Wenn Sie Lust zum Basteln haben, können Sie zum Beispiel die Hochzeitssocken mit Gesichtern bemalen, Haare annähen sowie der Braut einen Schleier geben und die schwarze Socke mit Krawatte und Zylinder ausstatten. Als Hintergrund für die »Kirche« mögen die Kinder vielleicht mit Ihnen gemeinsam aus schwarzem Ton- und buntem Transparentpapier stimmungsvolle Kirchenfenster kreieren. Vielleicht bekommt das Brautpaar auch Ringe, einen kleinen Blumenstrauß aus Gänseblümchen, und die Gäste bewerfen das frischgetraute Paar mit Reis …

Figuren: schwarze Socke, weiße Socke

Tipp: Dieses Stück eignet sich genauso gut für die Kasperlebühne mit Seppl und Grete als Brautpaar.

Schwarze Socke: *(summt die Melodie des Hochzeitsmarsches)* Ta-tata-ta, ta-tatata, ta, ta, ta, taaaa, taaaa, ta-ta, ta-tataaaa!

Weiße Socke: (Summt ebenfalls die Melodie des Hochzeitsmarsches, aber mit hellerer Stimme.) Ta-tatata, ta-tata-ta, ta, ta, ta, taaaa, taaaa, ta-ta, ta-tataaaa!

Schwarze Socke: Heute heiraten wir!

Weiße Socke: *(nickt)* Juhu, heute heiraten wir!

Schwarze Socke: Oh, liebe Socke, gib mir einen Kuss! *(macht Kussgeräusche)*

Weiße Socke: Warte, warte, warte! Erst heiraten wir, ja? Ich kann es kaum erwarten! *(schaut sich um)* Aber wo ist denn der Pfarrer?

Schwarze Socke: *(sich umschauend)* Weiß ich auch nicht. Er müsste längst hier sein! Was machen wir nur, wenn er nicht kommt?

Weiße Socke: Wir können ja schon mal üben, solange er noch nicht da ist.

Schwarze Socke: Gute Idee. Also, der Pfarrer fragt:
Willst du, schwarze Socke, weiße Socke zu deiner angetrauten Socke nahmen? Und ich sage: Ja, ich will.

Weiße Socke: Und dann sind wir verheiratet?

Schwarze Socke: Nein.

Weiße Socke: Warum denn nicht?

Schwarze Socke: Wir müssen doch beide »Ja« sagen. Du musst doch auch noch sagen, dass du mich heiraten willst. Der Pfarrer fragt auch dich: »Willst du diese Socke zu deiner angetrauten Socke nehmen?« Und dann sagst du ...

Weiße Socke: Nein!

Schwarze Socke: Wie?

Weiße Socke: Hihi, das war nur ein Scherz. Ich sage natürlich: Ja. Ich will, ich will, und wie ich will! Ich hab' dich nämlich lieb!

Schwarze Socke: Und dann fragt der Pfarrer:
»Willst du deine Socke lieben, bis dass der
Tod euch scheidet?«

Weiße Socke: Ja, klar, habe ich doch schon gesagt!

Schwarze Socke: Du musst sagen: Ja, ich will!

Weiße Socke: Ja, klar will ich.

Schwarze Socke: Und dann fragt der Pfarrer: Und willst du deine Socke auch ehren?

Weiße Socke: Ja, klar. Aber was heißt denn das, ehren? Dass ich dir morgens das Frühstück mache?

Schwarze Socke: Das klingt gut!

Weiße Socke: Aber du musst mich doch auch ehren. Was machst du denn dann, um mich zu ehren, wenn ich schon das Frühstück mache? Das Abendessen?

Schwarze Socke: Meinetwegen. Ah, ich weiß noch was:
Ich kann dich in den Arm nehmen, wenn du mal traurig bist, und dich trösten.

Weiße Socke: Au ja, das mache ich auch, und ich nehme dich in den Arm, wenn du dich freust, und freue mich mit dir!

Schwarze Socke: Au ja, und ... und ich mache dir einen Tee, wenn du dich erkältet hast!

Weiße Socke: Aber keinen Kamillentee, den mag ich nicht!

Schwarze Socke: Und wenn ich einen Kuchen gebacken habe ...

Weiße Socke: Dann esse ich die Hälfte auf! Und wenn ich eine Pizza backe, dann darfst du die andere Hälfte essen!

Schwarze Socke: *(blickt sich um, ruft)* Herr Pfaaaarreeeeer, wo bleiben Sie denn nur?! Wir sind dann soweit! Wir wollen endlich heiraten! Wir wollen endlich ein Sockenpaar werden!

Weiße Socke: Weißt du, was ich glaube? Der hat uns vergessen. So ein Mist. *(deutet auf das Publikum)* Und schau mal, die Gäste sind schon da. Was sollen wir denen denn jetzt sagen? Geht wieder nach Hause, die Hochzeit fällt aus?

Schwarze Socke: Ich habe eine Idee! Einer von den Gästen traut uns! Es ist doch nicht schwierig. Er muss uns nur die Fragen stellen, wir antworten, und dann sind wir verheiratet. Herr und Frau Socke. Ein Sockenpaar.

Weiße Socke: Und die Gäste, die können vorher das Hochzeitslied summen, wenn wir reinkommen. Oh, das wird doch noch eine schöne Hochzeit, Socke!

Schwarze Socke: Eine gute Idee, meine geliebte Socke! Dafür kriegst du einen dicken, fetten Schmatzer von mir! *(macht laute Kussgeräusche)*

Weiße Socke: Halt, halt, halt, zuerst heiraten wir! Wer von euch möchte uns trauen? *(...)* Ja, gut, du übernimmst also die Rolle vom Pfarrer. Und ihr anderen, ihr summt das Hochzeitslied. Ihr wisst schon, ta-tatata ... Kommt, los geht's! Ta-tatata ...